세계가 망할까?

차례

들어가며 국제기구, 세계에 참견합니다

1면 정치 & 경제

IMF 국제통화기금 │ 한국 경제성장률 하락 전망 012
　　　　　　　　　　　[잠깐 상식] 기축통화는 무엇일까?

WB 세계은행 │ 전 세계 역대급 물가 상승 경고 024
　　　　　　　　　[잠깐 상식] 비트코인은 화폐일까?

EU 유럽연합 │ 브렉시트, 영국과 EU 이혼하다 036
　　　　　　　　[잠깐 상식] EU 회원국은 왜 유로를 쓸까?

WTO 세계무역기구 │ 러시아의 우크라이나 침공으로 무역 반 토막 048
　　　　　　　　　　　[잠깐 상식] 보호무역과 자유무역의 차이

OECD 경제협력개발기구 │ 한국, 25년 후 노동 인구 OECD 꼴찌 058
　　　　　　　　　　　　　[잠깐 상식] OECD 통계의 장점과 한계

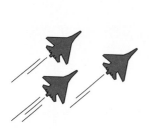

2편 환경 & 과학

WHO 세계보건기구   우한 폐렴에서 코비드-19로 명칭 변경   070
[잠깐 상식] 백신으로 보는 불평등

UNEP 유엔 환경계획   기후변화에 대처하는 환경 보고서 발표   080
[잠깐 상식] 기후변화를 막기 위한 국제기구

IAEA 국제원자력기구   후쿠시마 오염수 방류 '안전 기준 부합'   090
[잠깐 상식] 방사능 공포, 체르노빌 원전사고

WMO 세계기상기구   전 세계 기후재앙 5배 늘었다   102
[잠깐 상식] 기상이변이 불러온 변화

ISO 국제표준화기구   한국의 세계 표준특허 점유율 1위   112
[잠깐 상식] 특허와 표준특허의 차이

3편 사회 & 문화

UNESCO 유엔 교육과학문화기구   일본의 역사 왜곡에 유감   124
[잠깐 상식] 유네스코 세계지질공원과 단양

UNICEF 유엔 아동기금   BTS 모금으로 43억 원 기부 달성   134
[잠깐 상식] 아동권리 선언에서 아동권리 협약으로

IOC 국제올림픽위원회   금메달 선수 "사실은 도핑 양성" 폭탄 발언   144
[잠깐 상식] 장애인을 위한 올림픽, 패럴림픽

ILO 국제노동기구   노동절, 대규모 집회 열린다   154
[잠깐 상식] 파업은 불법일까?

WFP 유엔 세계식량계획   식량 부족으로 19억 명 기아 위기   166
[잠깐 상식] 쓰레기 없는 삶, 제로 웨이스트 운동

국제기구, 세계에 참견합니다

전 세계에서 정식 국가로 인정받는 나라는 193개예요. 모두 국제연합(UN, 이하 유엔) 회원국이기도 하죠. 그밖에 유엔 회원국은 아닌 옵서버(observer) 국가들이 있는데, 바티칸 시국과 팔레스타인이에요. 이들은 투표권이 없어요. 하지만 유엔총회를 비롯해 다른 유엔 기구 회의 등에 참석하고 발언할 수 있어요. 그리고 아예 정식 국가로 인정받지 못하는 압하지야 같은 나라도 있어요.

세계에는 셀 수 없이 많은 나라가 있어요. 모든 국가는 각자의 이익에 따라 움직이며, 그 이익에 반하면 전쟁도 피하지 않죠. 세계가 하나의 격투장처럼 보이는 것도 이 때문이에요. 서로 협박하고 으르렁거리다가 급기야 상대의 목에 칼을 겨누어요.

한국에 사는 우리는 전쟁을 역사로만 배워요. 하지만 누군가에게 전쟁은 현재에도 일어나고 있어요. 2011년에 일어난 시리아 내전에는 미국, 러시아, 영국 등의 나라까지 뛰어들었어요. 수많은 사람이 난민이 되었으며 시리아를 떠나지 못한 사람들은 지금도 내전으로 고통받고 있어요. 2022년 우크라이나를 침공한 러시아는 국제사회의 비판을 받았지만, 여전히 전쟁을 멈추지 않고 있어요.

1920년대부터 팔레스타인인이 살던 땅으로 이주한 유대인들은 무력으로 팔레스타인 사람들을 세계에서 가장 큰 감옥이라 불리는 가자지구에 몰아넣었어요. 2024년 2월에도 이스라엘은 가자지구를 침공해 팔레스타인 사람들의 삶을 파괴하고 있어요. 이 외에도 소말리아 내전, 미얀마 정부의 로힝야족 탄압 등 세계 곳곳에서는 수많은 분쟁이 지금도 일어나고 있어요.

시끌벅적한 세상을 바라보고 있으면 질문 하나가 떠올라요. '세계는 무엇을 하고 있나?' 더 정확하게는 '국제기구는 왜 이 모든 분쟁의 중재자 역할을 하지 않고 있나?'라는 질문이죠.

가정, 학교, 회사 등 규모와 상관없이 여러 사람이 함께하는 곳에는 나름의 규율과 강제성이 존재해요. 이제껏 우리는 이러한 질서 속에서 살아왔고, 다툼에는 최소한의 안전장치가 필요하다는 것도 알고 있어요.

세계도 마찬가지예요. 저마다 다른 가치와 이해관계를 지닌 나라들이 지구에서 공존하려면 나름의 기준이 필요해요. 이는 무역, 문화 교류, 빈곤, 난민, 기후 문제 등 거의 모든 분야에 해당해요. 오늘날 수많은 국제기구가 존재하는 이유라고도 볼 수 있어요. 그렇기에 우리는 국제 분쟁처럼 함께 풀어야 할 여러 문제를 마주할 때면 그와 관련한 국제기구의 역할에 관심을 기울여요.

우리가 바라듯 국제기구들은 제 역할을 잘하고 있을까요? 사실 이 같은 질문은 적절하지 않아요. 현존하는 국제기구의 수가 무척 많기도 하고, 개별 사항에 따라 수행하는 정도가 다르기 때문이에요. 그렇기에 단순한 답을 구할 수는 없어요.

현재 국제기구는 약 7만 5,000개가 있으며, 그중 약 4만 2,000개가 활동하고 있어요. 국제기구는 크게 국제 정부 간 기구(IGO)와 국제 비정부 기구(INGO)로 나누어요. '정부 간 기구'는 주권국가들로 구성된 기구이고, '국제 비정부 기구'는 정부에 속하지 않는 비영리 시민사회 단체들로 구성된 기구예요.

놀랍게도 매년 약 1,200개의 국제기구가 새로 생겨나며, 약 900개의 국제기구가 문을 닫고 있어요. 이처럼 많은 국제기구가 만들어졌다 사라지는 건 국제기구라는 이름표를 다는 조건이 그리 까다롭지 않다는 것을 보여 줘요.

국제기구 설립에는 크게 3가지 조건이 필요해요. 첫째, 회원국(또는 국제 비정부 기구)가 3개 이상이어야 해요. 둘째, 회의를 열고 자료를 보존할 수 있는 사무처가 있어야 하고요. 셋째, 영리를 추구하지 않아야 해요. 정부 간 국제기구는 보통 조약이나 헌장을 통해 세워지고, 국제 비정부 기구는 비정부 기구(NGO)들의 합의를 통해 만들어져요.

이 책에서는 수시로 뉴스에 올라 자주 접하는 국제기구를 중심으로 알아보고자 해요. 어떤 국제기구가 얼마나 긍정적인 역할을 하는지,

어떤 부분에서 손을 놓고 있는지 우리는 일일이 알 수 없어요. 하지만 세계적으로 큰 이슈가 생겼을 때, 최소한의 역할도 하지 못하는 국제기구의 존재 의미를 의심하게 되죠. 이를테면, 코로나19로 수많은 사람이 죽어 가는데도 세계보건기구(WHO)가 팬데믹(감염병 세계 유행) 선언을 미룬 이유는 무엇인지, 이스라엘이 가자지구를 끈질기게 공격하는데 유엔은 왜 팔짱만 끼고 지켜만 보는지와 같은 의심이에요.

이 책은 국제기구에 대한 이해를 높이는 데 중점을 두고 있어요. 국제기구를 아는 것은 곧 세계가 돌아가는 상황을 파악하는 것으로 이어져요. 여러분이 이를 조금이나마 엿볼 수 있기를 기대해요.

1면

정치 & 경제

IMF

국제통화기금

지은

세계 경제가 정말 안 좋구나. 국제통화기금에선
올해 세계 경제성장률이 2.9%에 그칠 거래.

무슨 걱정을 세계적으로 해?

지은

세계 경제가 나빠지면 우리나라 경제도 좋을 수 없으니까.
버는 돈이 없으니 쓰는 돈도 줄어드는 거지.

이래저래 걱정이네. 그런데 국제통화기금이
뭐더라? 어디서 들은 것 같기는 한데….

지은

IMF잖아.

아, 금 모으기 운동! 국제통화기금이 IMF였구나!

 iMessage

브레턴우즈 협정에서
탄생하다

1944년 7월이었어요. 44개 나라의 대표들이 미국 브레턴우즈로 모여들었어요. 그곳에서 국제통화와 금융 제도를 정리하기 위한 국제회의가 열리기로 되어 있었어요. 참석자 중에는 유명한 경제학자 존 메이너드 케인스도 있었어요.

"2차 세계대전으로 세계 경제가 어려워졌으니 모든 나라에 도움이 될 수 있는 공통 화폐를 만드는 것이 어떻겠소?"

케인스가 제안했어요. 어느 한 나라의 화폐를 공통으로 쓰는 대신 새로운 화폐를 만들자는 것이었어요. 특정 화폐가 공통 화폐가 되면, 그 나라의 화폐는 상당한 힘을 지니게 되니까요. 이때 미국이 반대하고 나섰어요.

"지금의 금본위제를 유지하되, 미국 달러를 기축통화로 씁시다."

'금본위제'는 각국의 화폐 가치를 순금의 일정한 중량을 기준으로 재는 제도예요. 당시 미국은 전 세계 금의 80% 이상을 가지고 있었어요. 다시 말해 화폐로 교환할 수 있는 금을 압도적으로 많이 소유했던 거죠.

미국 달러를 전 세계 공통 화폐인 '기축통화'로 쓰면, 세계 금융 시장을 주도할 수 있기에 미국은 이 주장을 굽히지 않았어요. 그곳에 모인 국가 대표들은 미국의 주장에 반대하지 못했어요. 미국은 세계에서

국제통화기금 이사회 창립총회에서 미국 재무부 차관(왼쪽)과 존 메이너드 케인스(오른쪽)

군사력이 가장 센 강대국이었으니까요.

　국제회의는 미국이 원하는 대로 흘러갔어요. 결국 나라와 나라 사이의 거래에서 주 거래 통화로 달러가 채택되었어요. 미국 달러만을 금과 바꿀 수 있도록 했고요. 그리고 이날 나온 결과물이 또 있어요. 바로 국제통화기금(IMF, International Monetary Fund)과 세계은행(WB, World Bank)의 탄생이에요. 당시 국제사회는 세계 경제를 안정화하려면 국제 금융 기구가 필요하다고 여겼어요. 그래서 두 국제기구를 설립하기로 했어요. 이날 맺은 협약을 '브레턴우즈 협정'이라고 해요.

국제통화기금은 미국 워싱턴 D.C.에 본부를 두고 있어요. 190개국이 가입해 있고, 한국도 그중 하나예요. 또한 국제 금융 시스템의 안정과 경제 협력을 목표로 해요. 주로 회원국들을 대상으로 경제 정책을 조언하고 서로 경제 협력을 이루도록 돕는 활동을 해요. 또 외환이 안정되도록 손쓰는 등 다양한 일을 하고 있어요. 가장 눈에 띄는 활동은 아무래도 돈이 필요한 나라에 돈을 빌려주는 것이겠죠.

돈 빌려준 나라에 간섭한다고?

돈이 필요한 사람이나 기업은 은행에서 돈을 빌려요. 은행은 돈을 빌려주는 대신 대가로 이자를 받고요.

"너 이 돈으로 뭐 할 거니? 아껴 써. 돈 갚으려면 지금 하는 일 말고 다른 일을 해. 그래야 더 빨리 갚지."

은행은 이런 간섭을 하지 않아요. 그런데 국제통화기금은 달라요. 국제통화기금은 돈이 필요한 나라에 돈을 빌려주고, 돈을 받을 때까지 그 나라의 경제 체제 전반에 관여하며 이래라저래라 지시를 내리죠. 1997년 외환위기를 맞은 한국이 국제통화기금에서 57억 달러를 빌렸을 때도 그랬어요. 당시 언론은 다음과 같은 제목의 기사를 냈어요.

굴욕적인 IMF, 경제 신탁 통치가 시작되다 ▶

한 신문사는 "12월 3일을 잊지 맙시다"라는 문구를 쓰기도 했어요. 12월 3일은 IMF 체제가 시작되는 날이었어요. "경제 신탁 통치가 시작되다"라는 말이 나올 정도로 한국은 국제통화기금의 감독과 권고에 따라 우리나라 경제의 체질을 바꿔야 했어요. 시장 개방, 기업의 구조 조정, 노동 시장 유연화 등이 대표적이에요.

한국은 2001년 8월 국제통화기금에 진 빚은 모두 갚았어요. 4년 만에 모든 돈을 갚은 건 매우 놀라운 일이었죠. 당시 우리 국민은 한국 정부가 빌린 돈을 갚기 위해 금 모으기 운동을 대대적으로 펼치기도 했어요.

1997년 국제통화기금의 개입은 우리나라 국민에게 고통을 주었으나, 장기적으로 보면 한국 경제에 이익이 되었다는 평가를 받기도 해요. 하지만 사회복지 측면에서는 부정적인 영향을 미쳤다는 평가를 피할 수 없어요. 일단 기업이 구조 조정을 한다는 건 수많은 사람이 직장을 잃는 것을 의미했으니까요.

그리고 '노동 시장의 유연화'는 기업이 고용과 해고를 자유롭게 할 수 있음을 의미해요. 비정규직으로 일하는 노동자는 정규직보다 복지 혜택을 적게 받을 뿐 아니라 언제든 직장에서 쫓겨날 위험이 있어요. 이러한 IMF 체제로 빈부격차와 불평등이 더욱 극심해졌다고 보는 시선도 있어요.

미국의 입김이 센 이유

국제통화기금이 빌려주는 돈은 어디에서 나올까요? 그 답은 국제통화기금 회원국에 있어요. 회원국들이 돈을 내면 국제통화기금은 그 돈을 기금으로 활용해요. 그러니까 부도 위기에 처했던 한국이 1997년에 국제통화기금으로부터 받은 돈은 회원국들이 모은 돈인 거죠.

그런데 회원국 모두 같은 수준의 기금을 내는 건 아니에요. 국력, 경제력에 따라 기금의 액수가 달라요. 그렇다면 가장 많은 돈을 낸 나라는 어디일까요? 바로 미국이에요. 기금의 약 17%를 부담했어요. 여기서 17이라는 숫자는 국제통화기금의 결정에 상당히 큰 영향력을 미쳐요. 왜 그럴까요?

그 비밀은 국제통화기금의 투표권에 있어요. 여기서 투표권은 돈에 비례해요. 다시 말해 미국은 17%의 기금을 냈기에 17%의 투표권을 가져요. 17%라고 하면 그렇게 커 보이지는 않죠? 그런데 이 17%가 국제통화기금에서 미국의 영향력을 높이고 있어요.

그 이유는 중요한 사안을 두고 투표할 때 85%의 찬성이 있어야 통과되기 때문이에요. 17%의 투표권을 지닌 미국이 반대하면 그 어떤 사안도 통과될 수 없다는 뜻이죠. 그러니 국제통화기금은 미국의 의도에 따라 움직일 수밖에 없어요. 이 같은 이유로 국제통화기금 내부에서도 IMF 체제에 대한 비판의 목소리가 나오고 있어요.

국제 거래에서
효율성과 공정성을 얻으려면

국제통화기금은 2022년 4분기 세계 각국의 외환보유고에서 달러 비중이 58%라고 밝혔어요. '외환보유고'는 각국 정부나 중앙은행이 평소 쌓아 두는 외국 돈을 말해요. 그중 달러 비중은 20년 전만 해도 70%에 가까웠지만, 지속적인 하락으로 58%까지 내려온 거예요.

세계 각국의 외환보유고 달러 비중
20년 만에 최저치 기록 ▶

국제통화기금이 알린 바에 따르면 달러를 이용한 원자재 거래가 줄어들었음을 알 수 있어요. 대신 중국의 화폐인 위안이 국제 거래에서 사용되었죠. 사실 위안은 15년 전까지만 해도 세계 시장에서 거의 쓰

중국의 위안화와 미국의 달러화 ©Eric Prouzet/ Unsplash

이지 않았어요. 그런데 중국과 거래하는 나라들이 달러 대신 위안을 쓰기 시작한 거예요.

러시아와 인도도 중국과의 거래에서 위안을 쓰고 있어요. 이 때문에 기축통화로서 달러의 위상이 떨어졌다는 분석도 나와요. 하지만 국제통화기금은 국제 거래에서 본격적인 탈달러, 즉 달러가 점점 쓰이지 않게 되는 현상이 일어나는 것은 현실적으로 어렵다고 판단해요. 달러가 기축통화의 지위를 위안에 넘길 일은 없다는 거죠.

다만, 위안의 강세로 세계 시장의 판도에 변화가 생기고 있다는 것은 분명해요. 이러한 움직임은 경제와 정치의 변화, 기술 발전, 자본 이동성 등 여러 요인으로 생겨나요. 특히 세계화 시대인 만큼 국제 금융

1면 정치 & 경제

과 세계 시장의 변화 속도가 매우 빠르기에 이에 바로 대응하지 못하는 나라나 국제기구는 뒤처질 수밖에 없어요. 2023년 6월, 국제통화기금의 총재인 크리스탈리나 게오르기에바는 한 신문사와의 인터뷰에서 다음과 같이 밝혔어요.

IMF, 국가 간 디지털 화폐로 거래할 수 있는 플랫폼 마련 중 ▶

디지털 화폐는 인터넷 접근만으로도 사용할 수 있기에 실시간 거래가 가능하고, 거래 비용을 줄일 수도 있어요. 또 모든 거래가 기록되어 투명하게 관리할 수 있죠.

디지털 화폐 전용 플랫폼이 생기면 무엇이 좋을까요? 디지털 화폐의 장점을 최대한 활용할 수 있을 뿐 아니라, 국가 간 거래에 필요한 복잡한 환전 절차를 줄일 수 있어요. 나라마다 다른 규제를 통일해서 국제 거래를 좀 더 쉽게 할 수도 있고요. 다시 말해 국제통화기금은 디지털 화폐 전용 플랫폼을 만들어 국가 간의 거래에서 효율성과 공정성을 얻겠다는 것이었죠.

국제통화기금은 세계 경제를 안정적으로 유지하는 데 중요한 역할을 맡고 있어요. 회원국이 경제 위기를 극복할 수 있도록 도움을 주기도 해요. 그런데 문제는 국제통화기금을 주도하는 세력이 강대국에 치우쳐 있다는 거예요. 그 밖의 나라들은 목소리를 높일 수 없기에 의사

국제통화기금의 총재 크리스탈리나 게오르기에바
©Friend of Europe/ commons.wikimedia.org

결정의 공정성이나 투명성에도 영향을 미치죠. 이는 국제통화기금이

앞으로 풀어 나가야 하는 과제이기도 해요.

잠깐 상식

기축통화는 무엇일까?

기축통화는 나라와 나라 사이에서 금융 거래를 할 때 기본이 되는 화폐예요. 국제 거래를 할 때 결제 수단으로 쓰거나 외환 보유, 수입과 수출 등에 사용되죠. 대표적인 기축통화로 미국의 달러가 있어요. 달러는 국제 금융 시스템에서 주요한 역할을 맡고 있어요. 이런 의문이 생길 수 있어요. '한화도 기축통화로 만들면 좋지 않을까?'

현재 한국의 국력이나 경제력으로서는 어려운 일이에요. 기축통화는 모든 거래가 같은 방식으로 처리되는 거래의 표준화 역할을 하기에 국제 결제에 사용해요. 이 때문에 기축통화는 경제 강국이면서 금융 시장이 발달된 국가의 화폐만이 될 수 있어요. 미국은 국제 거래의 중심국으로서 이러한 조건을 갖추고 있어요.

기축통화 국가는 어떤 이점을 누릴까요? 자국의 통화가 곧 국제 거래의 결제 수단으로 사용되기에 환전 비용을 줄일 수 있고, 환율 변동에 따른 위험에서도 벗어날 수 있어요. 금융 위기가 닥쳤을 경우, 자국 통화의 수요와 공급을 조절할 수도 있어요. 무엇보다 기축통화 국가는 국제적인 신뢰와 신용을 얻으며 국제 금융 시스템에서 주요한 역할을 담당해요. 이는 곧 나라의 경제 안정성을 높이고 경제 성장을 앞당기는 데 큰 도움이 되죠.

전 세계 역대급 물가 상승 경고

지은
여기 라면이 왜 이렇게 비싸? 다른 데 가자.

그냥 여기서 먹자. 다른 데 가도 다 똑같을걸.

지은
그걸 어떻게 알아?

우리 동네 분식집도 가격 올렸더라고.
요즘 뉴스에 계속 나오잖아.

지은
물가가 더 오르면 밖에서 사 먹는 것도 힘들겠다.

사실 갑작스러운 일도 아니야. 세계은행이
이미 예측하고 경고했거든. 전 세계가
역대급 물가 상승에 시달리게 될 거라고.

지은
세계은행이 뭐 하는 덴데 물가 상승을 예측해?

유엔에 속해 있는 국제 금융 기구야.

지은
그런 데도 있었구나. 난 국제통화기금만 알았지.
저번에 너랑 얘기하다가 안 거지만.

맞아. 세계은행도 국제통화기금이랑
같은 시기에 생겼어.

iMessage

2개의 주요 기구와
3개의 자매 기구

세계은행(WB)은 국제통화기금(IMF)과 함께 브레턴우즈 협정에 따라 1944년에 설립되었어요. 두 곳 모두 국제 금융 기구이지만 역할에는 차이가 있어요. 국제통화기금이 세계 경제를 안정된 상태로 유지하고 나라들끼리 협력하도록 이끈다면, 세계은행은 가난한 나라의 경제가 발전하도록 지원하는 데 집중해요. 또한 국제통화기금은 주로 짧은 기간 돈을 빌려주지만, 세계은행은 오랜 기간 빌려주죠.

원래 세계은행은 전쟁 이후 무너진 세계 경제를 다시 일으키기 위해 세워졌어요. 이 일을 주로 담당했던 기관이 국제부흥개발은행(IBRD)이에요. 세계은행은 국제부흥개발은행의 약칭이기도 해요. 1945년에 설립된 국제부흥개발은행은 2차 세계대전이 끝나고 피해 지역 복구를 위해 기금을 마련했어요. 1949년 이후부터는 경제 개발에 더 중심을 두게 되었고요.

만약 모든 분쟁이 끝났다면 국제부흥개발은행은 빈곤 퇴치에만 집중했을지도 몰라요. 하지만 지금도 러시아와 우크라이나, 이스라엘과 팔레스타인, 시리아 내전 등 세계 곳곳에서 분쟁이 일어나고 있어요. 그래서 세계은행은 전쟁으로 고통을 겪는 나라를 지원하고 있죠.

우크라이나, 세계은행에서 재건 위해 15억 달러 지원받는다 ▶

국제부흥개발은행과 함께 세계은행의 주요 기관으로 국제개발협회(IDA)가 있어요. 국제개발협회는 개발도상국의 경제 발전을 목적으로 설립된 국제 금융 기구예요. '개발도상국'은 사회·경제적 발전에서 아직 높은 수준에 도달하지 못한 국가를 뜻해요. 국제개발협회는 주로 이러한 나라들에 낮은 금리로 돈을 빌려주거나 기술과 조언을 제공하고 있어요. 이밖에도 인프라를 구축하고 보건, 교육, 농업을 개발하는 등 다양한 분야에 도움을 주고 있어요.

세계은행을 구성하는 기구는 3개 더 있어요. 국제금융공사(IFC), 국제투자 분쟁해결센터(ICSID), 국제투자보증기구(MIGA)예요.

국제금융공사는 개발도상국의 민간 기업에 투자하고 있어요. 국제투자 분쟁해결센터는 국가 사이에, 또는 다른 국가의 국민들 사이에 벌어지는 투자와 관련된 분쟁을 중재하기 위해 만들어졌고요. 국제투자보증기구는 개발도상국에 대한 민간 투자를 보장해 외국인 직접투자가 활발히 이루어지도록 힘쓰고 있어요.

이들 기구는 모두 독립되어 존재해요. 하지만 세계은행의 목표와 역할을 실현하기 위해 서로 힘을 합하고 있어요. 세계은행의 주요 기구 2개와 이 3개 기구를 통틀어 '세계은행그룹'이라고 해요.

목표는
빈곤 퇴치

빈곤은 흔히 상대적 빈곤과 절대적 빈곤으로 나뉘어요. '상대적 빈곤'은 어떤 사회의 평균적인 소득 수준과 비교해 낮은 소득으로 생활하는 상태를 뜻해요. 만약 한국의 월평균 임금이 350만 원인데, 내 월급이 180만 원이라고 해 봐요. 이때 나는 상대적 빈곤에 처해 있다고 볼 수 있어요. 하지만 절대적 빈곤은 아니에요. '절대적 빈곤'은 인간이 최소한의 생활을 유지하는 데 필요한 소득이 부족한 상태를 말해요.

최소한의 생활을 하며 살아가는 데 필요한 수입 수준을 말하는 '빈곤선'의 기준에 따르면 하루 1.9달러(약 2,600원)를 쓸 수 있어야 해요. 세계은행은 절대적 빈곤에 처한 사람이 7억 1,000만여 명이라고 밝힌 바 있어요. 전 세계 인구가 81억 정도이니 9%에 가까운 사람이 하루 2달러(약 2,800원) 이하의 돈으로 생활하고 있는 거죠.

WB, 팬데믹으로 절대적 빈곤 급증 ▶

2015년 국제사회는 2030년까지 지속 가능한 발전을 목표로 세웠어요. 이를 이루기 위한 첫 번째 목표가 바로 빈곤 퇴치였어요. 그런데 코로나19 팬데믹 이후 절대적 빈곤 인구가 약 9,700만 명이 늘어 오히려

개발도상국의 빈민가

목표에서 뒷걸음질 치게 되었죠.

세계은행, 가나에서 빈곤 퇴치 캠페인 시작 ▷

절대적 빈곤율은 대체로 국제 분쟁에 시달리는 나라에서 두드러지게 나타나요. 이러한 나라들은 세계은행을 비롯해 다른 국제기구에서 자금을 지원받거나 정책과 관련한 조언 등을 얻고 있어요.

돈을 가장 많이
빌린 나라가 중국?

2023년 3월, 매우 독특한 뉴스가 나왔어요. 미국 상원 의원들이 중국 정부가 세계은행의 대출을 이용하지 못하게끔 하는 법안을 내놓았다는 것이었죠. 중국이 세계은행에서 얼마나 많은 돈을 빌리기에 이런 견제를 받았을까요?

미 상원 21명,
중국의 세계은행 대출 금지 법안 발의 ▶

중국은 지난 수십 년간 급격하게 경제 성장을 이루었어요. 지금은 미국 다음으로 세계 2위의 경제 대국으로 자리 잡았어요. 다시 말해 중국은 세계은행의 지원을 받아야 할 만큼 가난한 나라가 아닌 거죠. 오히려 세계 경제에 큰 영향력을 미치고 있어요.

그런데도 중국은 세계은행에서 돈을 가장 많이 빌린 나라예요. 심지어 세계은행은 미국의 반대에도 불구하고 2025년까지 중국에 10~15억 달러를 더 빌려주기로 했다고 해요.

세계은행의 공식 목표는 빈곤 해소예요. 국제 금융 기구로서 개발도상국에 경제적 지원을 하고, 이들 나라의 경제 성장을 돕는 게 주요 역할이에요. 이를 생각한다면, 세계은행이 중국에 가장 많은 돈을 빌려

미국 공화당 의장 존 버라소 ©Gage Skidmore/ commons.wikimedia.org

주고 있다는 사실에 고개를 갸웃거릴 수밖에 없어요.

중국은 세계은행에서 대출받은 돈으로 무엇을 할까요? 국제사회는 중국이 세계은행에서 빌린 돈을 다른 나라에 빌려주고 있을 것이라고 의심하고 있어요.

중국은 2013년부터 일대일로 사업을 펼쳐왔어요. '일대'(一帶)는 중앙아시아와 유럽을 잇는 육상 실크로드이고, '일로'(一路)는 동남아시아와 유럽, 아프리카를 연결하는 해상 실크로드를 뜻해요. 중국은 일대일로 사업을 통해 중국을 중심으로 60여 개국을 포함한 거대 경제권을 만들고자 해요. 여기에는 당연히 천문학적인 비용이 들어가요. 그 비용을 세계은행의 대출로 충당하려는 거죠.

이에 미국 공화당 의장인 존 버라소는 이렇게 주장하기도 했어요.

"중국은 보조금을 받으면서 개발도상국에 약탈적인 대출을 하고 있다. 미국은 돈과 자원이 중국이 아닌 가장 필요로 하는 국가들에 가도록 해야 할 의무가 있다."

세계은행 총재,
"미중 경쟁에 얽매이지 않겠다" ▶

미국과 중국은 세계 무역과 경제에서 서로 세력을 넓히려는 경쟁을 펼치고 있어요. 일등 자리를 두고 싸움을 하고 있죠. 그렇기에 세계은행의 돈이 가난한 나라에 가도록 중국에 대출해 주는 것을 금지해야 한다는 미국의 주장이 그리 순수하게 들리지만은 않아요.

은행이 기후행동에
나선 이유

세계가 주목하는 이슈로 기후 문제를 빼놓을 수 없어요. 기후변화에 따른 온난화, 해수면 상승 등은 지구 환경뿐 아니라 세계 경제에도 지대한 영향을 끼쳐요. 그렇기에 환경과 관련된 국제기구가 아니더라도 기후 문제를 해결하기 위해 노력해야 해요. 여기에 세계은행도 포함되고요.

세계 지도자, 개발 전문가, 주주들 세계은행에
기후변화에 적극적인 역할을 하기를 촉구하다 ▶

2023년 4월 워싱턴 D.C.에서는 세계은행의 연례 총회가 열렸어요. 당시 총회에서는 '세계은행이 기후변화 대처에 느리고 창의성이 부족하다'는 평가가 나왔어요.

기후변화가 불러오는 온난화, 폭우, 가뭄, 산불과 같은 재해에서 가장 큰 타격을 받는 건 사실상 가난한 나라의 가난한 사람들이에요. 가난할수록 기후재앙에 취약한 거죠. 이는 빈곤 해소와 지속적인 경제 발전에 걸림돌이 될 수밖에 없어요.

자연재해가 늘어나면 금융 시장의 안정성은 흔들리고 재해를 복구하는 데 천문학적인 비용이 발생해요. 이는 곧 세계은행의 목표에도 큰 걸림돌이 될 수밖에 없어요. 그렇기에 개발도상국 출신 최초로 세계은행 총재가 된 아제이 방가는 '기후변화에 따른 빈곤을 해결하기 위해 실질적인 개혁으로 기후행동을 하고자 한다'고 이야기한 바 있어요.

세계은행 총재 아제이 방가 ©Kmu.gov.ua/ commons.wikimedia.org

비트코인은 화폐일까?

　대부분의 나라에서는 중앙은행을 통해 화폐를 발행해요. 중앙은행은 정부 정책에 따라 돈을 얼마나 시장에 내보낼지 정하고요. 그럼 실물이 없는 비트코인은 어떨까요?

　비트코인은 어느 한 국가의 중앙은행에서 발행하지 않아요. 그렇다면 비트코인으로 물건을 살 수 없을까요? 그렇지는 않아요. 일부 상점이나 온라인 플랫폼에서 비트코인으로 결제가 가능해요. 중앙아메리카에 있는 엘살바도르는 비트코인을 법정 화폐로 지정하기도 했어요. 또한 송금과 같은 금융 거래에도 사용할 수 있기에 비트코인을 디지털 화폐로 여기기도 해요.

　하지만 비트코인은 실물이 있는 화폐만큼 안정적이지 않아요. 화폐 가치가 바뀌기 쉽고 투자 위험이 크기 때문이에요. 엘살바도르를 예로 들어 볼게요. 엘살바도르가 비트코인을 법정 화폐로 받아들인 2021년 9월에 비트코인의 가격은 47.335달러였어요. 그런데 2022년 11월에 비트코인 가격이 16.864달러로 떨어져 버렸죠. 화폐 가치가 1년 만에 60%가 넘게 떨어져 버린 셈이에요. 게다가 중앙은행이나 정부의 통제를 받지 않아서 보안 문제나 시장이 조작될 위험 요소도 있어요.

브렉시트, 영국과 EU 이혼하다

지은

이제 와서 브렉시트를 후회하면 뭘 하냐. 경제는 이미 엉망진창인데.

> 브렉시트? 브렉시트가 뭔데?

지은

영국을 뜻하는 브리튼(Britain)과 탈퇴를 뜻하는 엑시트(exit)의 합성어가 브렉시트(Brexit)야.

> 무엇으로부터?

지은

EU로부터.

> 왜? EU가 뭐길래?

지은

EU는 유럽연합(European Union)의 약칭이야. 유럽의 여러 나라가 정치·경제적으로 통합한 국제기구를 유럽연합이라고 해. 유럽연합은 유럽을 단일 시장으로 만들었거든. 쉽게 말해 유럽은 같은 화폐를 쓰고 하나의 경제 정책으로 움직여.

> 아~ 쉽게 말해 유럽연합은 영국 같은 강대국에도 큰 영향을 끼칠 정도로 중요한 역할을 한다는 거네.

iMessage

하나로 뭉친
유럽 나라들

유럽은 오래전부터 나라들 사이에 종교, 문화, 시장의 교류가 활발했어요. 지리적으로 가깝기 때문이죠. 이는 동시에 극심한 갈등과 크고 작은 전쟁의 불씨가 되고는 했어요. 이러한 이유로 유럽에서는 오래전부터 유럽을 하나로 통합하자는 이야기가 나왔어요. 대표적으로 《레미제라블》로 유명한 프랑스 작가 빅토르 위고가 이와 같은 주장을 했어요. 그는 유럽 국가들이 한마음이 되면 전쟁의 위험은 줄고 평화를 가져올 거라고 봤어요. 하지만 유럽 통합은 그가 죽고 100년이 지나서야 이루어졌죠.

유럽연합의 탄생, 하나의 시장으로 거듭나다 ▶

1993년 11월이었어요. 유럽의 12개 나라가 유럽연합(EU)을 만들었어요. 당시 유럽연합은 경제 통합 기구였어요. 하지만 유럽연합의 궁극적인 목표는 유럽의 정치·사회적 통합이었어요. 시장을 하나로 합치는 것은 그 길로 가기 위한 발판이었죠.

사실 유럽이 통합을 시도한 건 이때가 처음은 아니었어요. 1952년 유럽석탄철강공동체(ECSC)를 시작으로 유럽경제공동체(EEC), 유럽원자력공동체(EURTOM)를 차례로 설립했어요. 이 3개 기구를 합쳐

벨기에 브뤼셀에 있는 유럽연합 본부

유럽공동체(EC)를 만들었는데, 회원국으로는 프랑스, 벨기에, 네덜란드, 룩셈부르크, 이탈리아, 독일 통일 전의 서독이 있어요.

유럽 통합이 본격적으로 논의되기 시작한 바탕에는 2차 세계대전이 있어요. 인류 역사상 가장 잔혹한 전쟁으로 평가받는 2차 세계대전으로 수많은 도시가 파괴되고, 집단학살이 버젓이 벌어졌어요. 유럽 사람들은 더는 이런 일이 일어나지 않기를 원했어요. 그러려면 무엇보다 국경을 뛰어넘어 연대와 협력을 이루어야 했죠. 이때 유럽을 하나로 묶는 국제기구가 필요했는데, 그게 바로 유럽연합이에요.

현재 유럽연합에는 27개국이 가입해 있어요. 27개 나라의 시장이 하나로 합쳐졌기에 유럽연합은 세계에서 가장 큰 시장 중 하나예요. 시장뿐만 아니라 정치·사회적 통합에서도 큰 진전이 있었어요. 여기에는 유로의 도입이 상당히 큰 영향을 미쳤어요. '유로'는 유럽연합 회원국들이 채택한 유일한 공식 통화예요. 같은 화폐를 사용하면서 유럽연합 회원국은 경제 정책을 함께 세울 수 있게 되었죠. 또한 유로는 유럽 시민들의 공동체 의식을 높이는 데에도 큰 도움이 되었어요.

유럽연합은 다양한 기구와 제도를 갖추고 있어요. 대표적인 기구로 유럽위원회(EC), 유럽의회(EP), 유럽사법재판소(ECJ), 유럽중앙은행(ECB) 등이 있어요. 유럽위원회와 유럽의회는 법률을 만들고, 유럽사법재판소는 유럽연합 회원국 사이에서 일어나는 법적 분쟁을 판결해요. 유럽중앙은행은 유로를 발행하며 통화 정책을 세우고 결정하는 일을 하고 있어요.

브렉시트로 보는 유럽연합

2016년 6월 23일, 세계의 시선은 영국으로 향했어요. 이날은 브렉시트를 결정하는 중요한 투표가 있는 날이었어요. 다시 말해 영국이 유럽연합을 탈퇴할지 말지 결정하는 날이었죠.

브렉시트 협상을 논의하는 모습 ©Charlie Awesome/ commons.wikimedia.org

유럽연합 회원국끼리 이루어지는 무역에는 관세가 없어요. 이 밖에
도 무역에 방해가 될 만한 장벽이 없죠. 또한 같은 회원국 안에서는 자
유롭게 이동하고 일자리를 구할 수 있으며 다양한 분야에서 지식과 기
술을 나눌 수도 있어요. 브렉시트가 결정되면 영국은 이러한 혜택을
더는 누리지 못해요. 그렇기에 전 세계는 영국의 브렉시트 투표에 큰
관심을 보였어요. 투표 결과는 어떻게 나왔을까요?

영국, 국민 투표로 EU 탈퇴를 결정하다 ▶

투표율 72.2%에서 찬성표가 51.9%로 과반을 넘겼어요. 반대표도
48.1% 나왔지만, 투표 결과 영국은 유럽연합을 떠나기로 결정했어요.

영국인들은 어째서 브렉시트에 찬성표를 더 많이 던졌을까요?

브렉시트 찬성자들은 유럽연합이 주권을 침해한다고 여겼어요. 모든 나라는 자기 나라만의 법이 있어요. 그런데 유럽연합 회원국은 유럽연합의 법도 지켜야 해요. 이를테면, 영국이 이민을 제한하는 법을 만들었다고 해도 유럽연합이 이민자를 받아들이기로 했다면, 영국은 유럽연합의 결정을 따를 수밖에 없어요. 이는 유럽연합의 모든 국가에 해당하지만, 영국은 유럽연합의 법규나 정책이 국내에 미치는 영향에 더 큰 거부 반응을 보인 거예요.

브렉시트 찬성자들은 유럽연합 회원국으로서 얻는 이익보다 경제적 손실이 훨씬 크다고 여겼어요. 유럽연합 회원국은 각 나라의 경제 규모에 맞는 분담금을 내야 하는데, 영국은 독일, 프랑스에 이어 3번째로 많은 분담금을 내고 있었죠. 반면 유럽연합으로부터 받는 예산은 회원국 중 12번째로, 내고 있는 비용보다 적은 돈을 받았어요.

경제 정책과 무역 협정에서도 유럽연합을 걸림돌로 보았어요. 유럽연합이 아닌 나라와 무역을 해서 이익을 얻고 싶어도 유럽연합의 법률이 이를 허용하지 않기 때문이에요.

마지막으로 브렉시트 찬성 이유에는 이민자 문제가 있었어요. 영국은 다양한 사회보장 제도를 통해 자국민에게 복지를 제공하고 있어요. 복지에 필요한 비용은 국민의 세금으로 충당하죠. 그런데 이민자가 증가하자 사회복지 예산이 늘어났고, 그에 따라 국민의 세금 부담도 높아졌어요.

무엇보다 많은 영국 사람이 이민자가 자국민의 일자리를 빼앗고, 그들의 존재로 사회 분위기가 혼란스러워졌다고 여겼어요. 하지만 유럽연합 회원국으로 있는 한 이민자를 받아들여야 했어요. 브렉시트 찬성자들은 이를 막기 위해서라도 유럽연합의 탈퇴를 간절히 원했고, 결국이들이 원하는 대로 되었죠.

브렉시트
절망 편

2020년 1월 31일, 영국은 예정대로 유럽연합에서 탈퇴했어요. 이후로 수년이 지났어요. 지금 영국의 현실은 어떨까요? 브렉시트 찬성자들이 기대했던 대로 국내 상황이 더욱 좋아졌을까요? 브렉시트 이후영국에 대한 기사를 살펴볼게요.

사상 처음 유니세프 지원받는 영국 ▶

영국, 4가구 중 1가구는 생활고 겪어 ▶

유럽연합에서 나온 영국은 경제적으로 큰 혼란을 겪고 있어요. 물가는 가파르게 오르는데 임금은 제자리걸음을 걷고 있어요. 수많은 사람이 경제적 어려움을 겪게 되었죠. 영국 어린이 3분의 1이 빈곤선 아래에 있다는 통계 결과도 나왔어요. 심지어 영국은 개발도상국이나 가난한 나라에서 주로 활동하는 유니세프(UNICEF)의 지원까지 받고 있어요. 어째서 이런 일이 생겼을까요?

브렉시트는 영국의 무역을 어렵게 했어요. 유럽연합의 회원국일 때는 유럽의 모든 나라와 관세 없이 무역할 수 있었지만, 회원국이 아니게 되자 무역을 위한 절차가 복잡해진 거죠. 또한 관세를 비롯해 이전에는 부담하지 않아도 되었던 비용이 생겨나며 수출 비율이 줄어드는 결과로 이어졌어요.

최장 경기침체 위기, 브렉시트 후회하는 영국 ▶

브렉시트는 노동 시장에도 큰 타격을 입혔어요. 저렴한 임금을 받고 단순노동을 하던 외국인 노동자 수십만 명이 감소하면서 노동력 부족 현상을 겪게 되었어요. 한 예로, 트럭 운전기사가 있어요. 영국의 물품 수송 업계에서는 주로 동유럽 출신 노동자를 고용했어요. 트럭 운전기사는 보수가 적고 일이 고된 탓에 자국민들은 꺼리는 직업이었거든요. 그런데 동유럽 출신 노동자들이 더는 영국에서 일할 수 없게 되자 물품 운송에 차질이 생긴 거예요.

영국은 브렉시트 이전만 해도 유럽에 진출한 해외 기업의 무역 본거지로서 매력적인 나라였어요. 유럽연합에 속하면서 영어를 사용하는

나라인 덕이었어요. 하지만 브렉시트로 유럽연합 회원국과의 자유로
운 무역이 어려워지자 해외 기업들은 하나둘 영국을 빠져나가기 시작
했어요.

무역에 타격을 입고, 물가는 상승하고, 경제성장률은 하락하고, 노
동력도 부족해진 영국의 경기는 악순환을 반복하고 있어요. 이러한 현
실에 브렉시트를 후회하는 사람들이 많아졌어요. 영국인 65%는 유럽
연합 재가입 여부를 묻는 투표를 실시해야 한다고 주장하기도 했어요.

유럽연합이
풀어야 할 과제

유럽연합은 여느 국제기구와 달리 여러 국가가 공동의 목표를 추구
하는 정치·경제 협력체예요. 유럽연합의 의사 결정은 회원국의 투표
를 통해 이루어지며, 회원국은 법적 의무와 규제를 지켜야 해요. 외교
와 안보 정책을 함께 펼치기도 하죠. 이처럼 공동체의 성격이 강하지
만, 경제 수준과 발전의 정도는 나라마다 달라요. 독일과 그리스를 예
로 들어 볼게요.

독일의 국내총생산(GDP)은 전 세계 4위예요. 반면, 그리스의 GDP
는 전 세계 84위에 불과해요. 한 나라의 국민들 사이에 빈부격차가 있
듯 유럽연합 회원국 사이에도 빈부격차가 존재해요. 경제성장률, 고용

시장, 자원 등의 차이는 경제저 불균형으로 나타나요.

경제적 불균형은 유럽연합의 성장과 연대를 방해해요. 유럽연합은 그 균형을 맞추고자 노력해 왔어요. 그런데 브렉시트가 일어나 버린 거예요. 유럽연합 회원국들에게 상당한 충격이었어요. 유럽연합의 법과 국내법의 충돌, 유럽연합이 아닌 나라와의 무역 협정에 대한 제약, 이민과 난민 등 브렉시트의 이유가 되었던 문제들은 사실상 영국만의 문제가 아니거든요. 당연히 다른 회원국에도 영향을 미칠 수밖에 없어요. 이는 곧 유럽연합이 재정비해야 한다는 것을 의미하기도 해요.

EU 회원국은 왜 유로를 쓸까?

유럽연합은 여러 나라가 국경을 초월해 만든 단일 시장이에요. 시장이 하나이니 단일 화폐를 만드는 건 당연한 일이었어요. 유럽연합의 단일 화폐가 된 유로는 유럽연합의 경제적 통합은 물론이고 정치적 통합을 강화하는 데에도 큰 도움이 되었어요. 그럴 수 있었던 이유는 무엇이었을까요?

유로는 유럽연합 국가 간의 무역에서 관세와 환전 비용을 줄일 수 있다는 장점이 있어요. 시시때때로 변하는 환율을 계산하느라 번거로울 일이 없고, 환율 변화에 따른 위험성도 줄일 수 있어요. 이는 무역을 좀 더 효율적으로 하도록 이끌었어요. 이러한 유로는 오늘날 미국의 달러 다음으로 세계에서 가장 많이 쓰는 화폐가 되었어요.

WTO

세계무역기구

러시아의 우크라이나 침공으로 무역 반 토막

지은

코로나19 유행이 지나가면 세계 경제도
좀 나아질 줄 알았는데….

그런데?

지은

WTO 전망을 보니 러시아가 우크라이나를 침공하는 바람에
세계 무역에 빨간불이 켜졌대.

WTO? 많이 들어 봤는데.
세계 무역 성장률을 예측하는 국제기구였나?

지은

그것도 WTO가 하는 일 중 하나지. WTO는 세계무역기구니
까. 경제 기사에 자주 등장하니 많이 봤을 거야.

어휴, 경제 기사까지 챙겨 봐야 하는 거야?

지은

당연하지. 경제는 정치, 사회, 문화, 환경 등
모든 분야와 관련이 있으니까.

 iMessage

국제 무역은
우리가 맡을게

2차 세계대전은 수많은 나라의 사회 기반을 무너뜨렸을 뿐 아니라 경제적 어려움을 불러왔어요. 전쟁 이후는 경제를 회복하고 다시 일으키기 위한 재건의 나날이었어요. 한편 각 나라는 무역에도 눈을 돌렸어요. 이에 미국, 영국 등이 1947년 스위스 제네바에 모여 '제네바 관세 협정'을 맺어요. 세계 경제를 회복하고 국제 무역이 활발히 이루어지게 하려면 구체적인 협약이 필요하다고 여긴 거죠.

1970년대 이후 세계 경제가 가라앉자 선진국 중심으로 새로운 협상이 필요하다는 목소리가 나오기 시작했어요. 이를 반영하고자 1986년부터 1994년까지 8년 동안 우루과이 라운드가 진행되었어요. '우루과이 라운드'는 제네바 관세 협정의 무역 체제가 지닌 문제점을 해결하기 위해 열린 다자간 무역 협정이에요. '다자간 무역 협정'은 3개 이상의 국가 또는 지역 간에 이루어지는 무역 관련 협상을 뜻해요. 당시 우르과이 라운드에 참여한 나라는 제네바 관세 협정에 가입한 117개국이었어요.

제네바 관세 협정은 국제 무역의 장벽을 낮추고, 무역 규칙을 만드는 데 매우 중요한 역할을 했어요. 하지만 주로 관세에 초점이 맞추어져 있었어요. 지적 재산권이나 무역 관련 투자, 농산물 등의 분야는 전혀 다루지 못했죠. 그 때문에 우르과이 라운드는 국제 무역의 범위를 좀 더 넓히고, 이전보다 더 강화된 규정을 만들어야 했어요. 이를 수행할 국제기구로 세계무역기구(WTO, World Trade Organization)가 설립되었어요.

세계무역기구 출범,
자유무역 확대로 모든 국가의 이익 증대를 꾀하다 ▷

세계무역기구는 1995년 1월에 세워져 현재 164개 나라가 회원국으로 있어요. 다자간 무역 기구로 모두의 이익을 위해 무역을 개방하는 것을 주된 목표로 삼고 있어요. 국제 무역을 규제하며 규칙을 세우고, 무역의 장벽을 낮추며 자유무역의 환경을 만들어 가는 등의 활동을 하고 있죠.

또한 세계무역기구는 회원국 간의 무역을 관리하기 위한 규칙을 마련했는데, 회원국은 이에 따라 협정을 맺어요. 대표적인 협정으로 관세 및 무역 협정, 산업재 협정, 농업 협정, 서비스 협정, 지식재산권 협정, 투자 협정 등이 있어요.

개발도상국만
주는 특혜

한국은 세계무역기구의 설립과 함께 회원국이 되었어요. 당시 한국
은 개발도상국으로 분류되었어요. 개발도상국 지위에 있는 나라는 관
세 혜택, 기술 지원 등의 다양한 특혜를 받을 수 있어요. 국제 무역의
불평등을 줄이고, 개발도상국의 경제 발전을 이끌기 위해서죠. 한국
역시 이러한 특혜를 받았어요. 그런데 2019년 한국 정부는 매우 중요
한 결정을 내려요.

한국 정부, WTO 협상에 한해
개도국 특혜를 주장하지 않기로 ▶

사실 한국은 세계무역기구에 가입한 그다음 해에 바로 고소득 국가
가 되었지만, 개발도상국의 지위를 유지해 왔어요. 그런데 어째서 개
발도상국의 지위를 포기했을까요?

트럼프, 중국 등 WTO 개발도상국 혜택 중단 지시 ▶

미국의 45대 대통령 도널드 트럼프는 자신의 SNS에 '개발도상국
기준을 바꿔 개발도상국 지위를 넘어선 국가가 특혜를 누리지 못하게

해야 한다'는 글을 올렸어요. 이는 중국을 겨냥한 것이었지만, 한국도 거론되었어요. 한국과 경제 규모나 위상이 비슷한 수준인 싱가포르, 브라질, 대만 등 여러 나라가 향후 개발도상국 특혜를 누리지 않겠다고 밝혔어요. 이에 한국도 개발도상국 지위에 대해 새로운 결정을 내려야 했죠.

당시 경제부총리였던 홍남기는 한 신문사 인터뷰에서 한국이 개발도상국 특혜를 더는 받지 않기로 한 이유를 이렇게 밝혔어요.

"개발도상국 특혜에 관한 결정을 미룬다고 하더라도 향후 세계무역기구 협상에서 우리가 개발도상국 혜택을 인정받을 가능성이 거의 없다. 결정이 늦어질수록 대외적 명분과 협상력 모두를 잃어버리는 결과를 불러올 우려가 크다."

무역하다 싸우면 우리가 나선다

2011년 3월 11일이었어요. 일본에서 발생한 대지진과 쓰나미로 후쿠시마 원자력 발전소에 사고가 났어요. 그날의 피해로 후쿠시마와 그 주변 지역은 방사능으로 심각하게 오염되고 말았어요. 이에 한국 정부는 2013년 후쿠시마뿐 아니라 인근 지역의 농수산물까지 수입을 금지하기로 했어요. 그러자 일본 정부는 강하게 반발했어요. 일본에서 유통되는 농수산물은 엄격한 기준으로 관리하고 있으니 아무 문제가 없다는 거였죠.

한국이 수입 금지를 풀지 않자 일본은 세계무역기구에 소송을 제기했어요. 그 결과는 2018년 2월에 나왔는데, 세계무역기구는 일본의 손을 들어 주었어요. 당시 한국은 후쿠시마산 농수산물이 방사선에 오염되어 위험하다는 것을 근거로 들었어요. 그런데 세계무역기구는 후쿠시마산 농산물이 특별히 위험하다고 볼 증거가 없다며 한국의 주장은 과학적이지 않다고 했죠.

한국은 2018년 4월 재심을 청구했어요. 세계무역기구에서 1심 재판 결과가 뒤집힌 사례가 없었기에 2심에서 한국이 이길 가능성은 낮았죠. 하지만 한국은 1심과 다른 전략을 썼어요. '후쿠시마산 농수산물'이 아닌 '후쿠시마의 오염'에 중점을 둔 거예요. 후쿠시마가 방사능으로 오염되었기에 후쿠시마산 식품도 위험하고, 이 때문에 수입할 수 없다는 식으로 논리를 펼쳤어요. 그 결과 한국은 최종적으로 재판에서 이길 수 있었어요.

WTO '후쿠시마 원전 사고 농수산물 수입 금지', 한국 승소 판결 ▶

한국과 일본의 무역 분쟁은 세계무역기구의 분쟁해결기구(DSB)를 통해 진행되었어요. 분쟁해결기구는 세계무역기구 협정을 바탕으로 국제 무역 분쟁을 담당하는 독립적인 기구예요. 세계무역기구 회원국 사이에서 벌어지는 무역 분쟁을 객관적으로 해결하기 위해 생겼어요. 그럼 어떤 절차를 거쳐 분쟁을 조정할까요?

첫 단계는 분쟁하는 나라들 간의 협의예요. 서로 의견을 맞춰 가는 과정에서 세계무역기구는 중재하는 역할을 맡아요. 만약 이때 합의를 보지 못하면, 분쟁해결 패널(배심원)을 구성해요. 패널들은 분쟁 당사국들의 주장을 살피고 분석해 어느 편에도 치우치지 않은 중립적인 입장에서 결정을 내려요.

법적 구속력이 있어 지켜야 할 의무가 있지만, 모든 나라가 세계무역기구의 결정을 따르지는 않아요. 이런 경우 세계무역기구는 판결에 따라 이행하도록 요구하거나 제재를 가할 수 있어요. 이를테면 특정 상품과 서비스에 대한 관세를 올리거나 수출을 제한하는 식이죠.

이제는
개혁해야 할 때

도널드 트럼프는 보호무역주의 정책을 강력히 실시하면서 미국의 세계무역기구 탈퇴를 주장했어요. 미국과 중국의 갈등이 깊어지자 미국 상·하원 의원들도 미국이 세계무역기구에서 탈퇴할 것을 요구했지만, 아직 공식적으로 탈퇴하지는 않았어요. 하지만 이 일은 지난 수년간 꾸준히 개혁을 요구받아 온 세계무역기구가 존재하는 이유에 대해 다시금 질문을 던지는 계기가 되었어요.

30년 가까이 무역 질서 이끌어 왔지만
존재 의의 시험받는 세계무역기구 ▶

세계무역기구의 핵심은 '협정'이라고 할 만해요. 그런데 세계무역기구가 무역 분쟁에서 협정에 따라 합의를 끌어 내지 못하는 경우가 많아지고, 다자간 무역 협정 대신 자유무역 협정(FTA)이 늘어나기 시작했어요.

다자간 무역 협정은 보통 세계무역기구를 통해 이루어져요. 반면 자유무역 협정은 2개 이상의 나라가 자유로운 무역을 위해 서로 합의된 이익을 추구해요. 세계무역기구의 역할이 그만큼 줄어드니 개혁을 요구받게 된 거죠.

또한 세계무역기구는 디지털 경제 시대에 알맞는 무역 규칙을 내놓지 못하고 있다는 비난을 받고 있어요. 디지털 경제는 기존의 무역과는 다른 특징이 있어요. 당연히 지금까지 이어 온 방식으로는 한계가 있죠. 이를 보완하고자 세계무역기구는 전자 상거래, 디지털 서비스, 개인 정보, 데이터 보호 등 새로운 규정을 만들고 있어요.

보호무역과 자유무역의 차이

'보호무역'은 외국과의 경쟁에서 국내 산업이나 시장을 보호하는 것을 목적으로 해요. 이를 위해 정부는 관세나 상품의 수량을 정해 두고 그 범위 안에서 수입하게 하는 수입 할당제 등을 활용해 무역 장벽을 높여요. 만약 수입산 쌀이 국내산 쌀보다 가격이 낮으면, 국내산 쌀은 시장에서 경쟁력을 잃어요. 농민은 점차 쌀 생산을 하지 않게 되죠. 이는 국가 안보로도 이어질 수 있어요. 기후재앙, 전쟁과 같은 이유로 세계적으로 쌀 생산율이 떨어졌다고 해 봐요. 나라들은 쌀을 수출하지 않으려 할 거예요. 그럼 비싼 돈을 주고 수입을 하거나 아예 수입하지 못하는 상황이 오겠죠. 그래서 특정 상품이나 산업에 대해서는 보호무역을 해야만 해요.

'자유무역'은 정부가 다른 나라와의 무역에 최대한 간섭하지 않는 것을 말해요. 보호무역이 국가가 시장을 움직인다면, 자유무역은 자유로운 시장에서 기업들이 서로 경쟁해요. 그렇다고 규제가 아예 없는 건 아니에요. 자유무역이 실제로 이루어지려면 세계무역기구의 협정을 지키는 것이 중요해요. 그래야 투명하고 공정한 거래를 할 수 있거든요. 자유무역은 소비자에게 다양한 상품과 서비스를 제공한다는 장점이 있어요. 경제 성장에 큰 도움이 되기도 해요. 하지만 모든 나라에 통하는 건 아니에요. 힘이 약한 나라는 자국의 산업이나 시장을 보호하지 못해 큰 타격을 받을 수 있어요. 덩치 차이가 큰 두 사람을 링 위에 올리고 "서로 공정하게 싸워"라고 한다면, 결코 공정한 싸움이 될 수 없는 것과 같아요.

OECD

경제협력개발기구

1:34

 한국, 25년 후 노동 인구 OECD 꼴찌

지금 내 나이에 25를 더하는 중이야.

지은

갑자기 25는 왜?

이 기사를 봐. OECD 통계에 따르면 25년 후 우리나라 핵심 노동인구 비중이 세계 꼴찌가 된다잖아.

지은

너도 참. 세계 꼴찌가 아니라 OECD 꼴찌라고 나와 있잖아.

그게 그거 아니야?

지은

OECD 회원국은 38개국이고, 전 세계에는 195개국이 있으니 세계 꼴찌는 아니지.

그래? OECD가 뉴스에 자주 나오길래 대부분 회원국인 줄.

지은

네 말이 아주 틀린 건 아닌 듯. OECD가 국제사회에서 영향력이 큰 편이니까.

그 말은 OECD에 선진국이 많다는 얘기일 수 있겠네.

지은

빙고!

 iMessage

한국의 가입이
그렇게 대단했어?

1996년 12월 12일, 언론은 한국이 29번째 경제협력개발기구(OECD, Organization for Economic Cooperation and Development) 회원국이 되었다는 소식을 앞다투어 보도했어요.

OECD 가입한 한국, 선진국 진입 첫발 ▷

한국이 OECD에 들어가는 것이 어떤 의미이기에 이렇게나 관심을 받았을까요? 당시 정부 대변인은 이렇게 말하기도 했어요.

"국제사회가 우리 국민이 지난 수십 년간 이루어 낸 경제 개발과 아울러 민주화의 성숙을 높게 평가한 것이다."

경제협력개발기구는 선진국을 중심으로 이루어진 국제기구예요. 한국은 1950년대만 해도 세계에서 가장 가난한 나라 중 하나였어요. 그런데 그로부터 반세기도 지나지 않아 OECD 회원국이 되었으니 자랑스러울 만도 했어요. 실제로 OECD에 가입하기는 쉽지 않아요. 일단 다음 조건을 갖춰야 해요.

1. 경제 수준이 높은가?
2. 정치가 안정적이며 민주주의를 실현하고 있는가?

3. 경제 정책은 개방적인가?

4. 시장경제 체제를 유지하고 있는가?

5. 국제적으로 협력할 의지가 있는가?

1996년 한국은 경제협력개발기구의 가입 조건을 충족했을까요? 그 시기 한국은 지금과 달리 개발도상국으로, 선진국 대열에 들어서지는 못했어요. 민주주의가 제대로 이루어지고 있다고 보기도 어려웠죠. 하지만 한국은 OECD에 가입함으로써 정치·경제적으로 더 큰 발전을 이룰 수 있다며 미국을 비롯한 선진국들을 설득했어요. 실제로 한국은 경제협력개발기구의 요구 조건에 맞는 국가로 나아가고자 부단한 노력을 기울였어요. 그 결과, 2000년대에는 여러 국제기구가 한국을 선진국으로 인정했어요.

OECD는 선진국 모임일까?

경제협력개발기구는 이름 그대로 회원국들이 경제적으로 협력함으로써 경제 발전을 이루는 것을 목표로 삼고 있어요. 그런데 OECD는 '선진국 모임'이라는 이미지가 강해요. 한국이 가입했을 때 언론 대부분이 '한국이 선진국에 진입했다'는 식의 기사를 낸 것도 이 때문이죠.

OECD는 정말 선진국의 모임일까요? 이에 대한 답은 경제협력개발기구 사무총장이었던 앙헬 구리아의 인터뷰에서 알아볼 수 있어요.

"OECD 회원국 중 유럽 선진국의 비중이 높고, 가입하기 위한 심사가 까다롭기에 OECD를 선진국 모임이라 생각할 수도 있다. 하지만 정치 제도의 투명성과 정당성, 경제 발전 잠재력 등 OECD에서 제시하는 기준만 갖추면 어느 나라든 가입할 수 있다."

오늘날 경제협력개발기구에는 38개국이 가입해 있어요. 콜롬비아, 칠레, 멕시코 등 선진국에 포함되지 않는 나라들도 있는데, 이들 국가도 1990년대에 뒤늦게 함께하게 되었어요.

그런데 OECD 회원국 중 유럽 선진국이 특히 많은 이유는 무엇일까

OECD 사무총장 앙헬 구리아 ⓒJose Angel Gurria/ commons.wikimedia.org

요? 경제협력개발기구의 전신인 유럽경제협력기구(OEEC)가 유럽 16개국의 모임으로 출발했기 때문이에요.

유럽경제협력기구는 1948년에 만들어졌어요. 2차 세계대전으로 파괴된 경제를 되살리고 유럽 국가들끼리 힘을 모아 서로를 돕는 것이 목적이었죠. 하지만 시간이 흘러 유럽 밖의 나라들과 교류할 필요가 있다는 주장이 나왔어요.

1961년, 미국과 캐나다의 합류로 유럽경제협력기구는 경제개발협력기구로 모습을 바꾸어 다시 태어났어요. 경제협력개발기구는 원래 유럽에만 한정되었던 목표를 세계 경제의 발전으로 확대했어요. 이러한 목표에 따라 선진국이 아닌 나라들도 회원국으로 받아들인 거예요. 그렇지만 회원국 중 상당수가 선진국이라는 사실은 변함이 없어요. 이를 증명하듯 OECD 회원국은 전 세계 GDP의 약 60%를 차지하고 있어요.

통계 순위는 왜 매길까?

한국인의 기대 수명은 몇 살일까요? 83.6세예요. 그럼 한국인의 기대 수명은 높은 편일까요, 낮은 편일까요? 경제협력개발기구 회원국 중 3번째로 높아요. 일본, 스위스에 이어 장수국이라 할 수 있죠. 그럼 한국은 의사 수가 많은 편일까요? 인구당 의사 수는 OECD 38개국 중 37위로 거의 꼴찌예요. 이 밖에도 다양한 분야에 관한 OECD 순위를 찾아볼 수 있어요.

OECD 최저 임금 순위 공개 '한국은 몇 위?' ▷

한국 자살률 순위 OECD 1위 ▷

이런 순위는 어떻게 매겨질까요? 경제협력개발기구는 회원국의 경제와 사회 수준을 보여 주는 지표를 수집하고 분석해요. 이를 바탕으로 다양한 통계를 내고 있어요. 한국을 비롯한 많은 국가는 바로 이 통계를 통해 자기 나라의 순위를 매겨요. 때로 OECD도 특정 지표에 따라 국가 순위를 매겨요.

굳이 순위를 정하는 이유는 무엇일까요? 세계 여러 나라가 각 분야에서 보이는 모습과 성과를 비교적 정확하게 파악할 수 있기 때문이에요. 어느 중학생이 국어 시험에서 85점을 받았다고 해 봐요. 그 학생은 점수만 보고 시험을 꽤 잘 봤다고 생각했어요. 그런데 알고 보니 20명의 학생 중 90점 이상을 받은 학생이 15명이었어요. 이는 시험이 매우 쉬웠다는 것을 의미하고, 학생은 자신의 성적이 생각만큼 좋지 않았다는 걸 알게 되었죠. 이 학생은 현실을 깨닫고 앞으로 국어 공부를 어떻게, 얼마나 해야 할지 계획을 세우기 시작했어요. 이처럼 우리 정부도

OECD 순위를 바탕으로 정책의 방향을 결정하고 있어요.

그런데 왜 그중에서도 OECD 통계를 활용할까요? 경제협력개발기구가 그만큼 신뢰를 얻고 있기 때문이에요. 일단 선진국으로 이루어진 국제기구라는 점이 신뢰성을 높이기도 했고요. 또, OECD 통계는 여러 국가의 다양한 지표를 비교 분석할 수 있는 자료인 데다, 비교적 정확한 정보를 제공하고 있어요. 마지막으로 경제협력개발기구는 이러한 자료를 보고서, 논문, 온라인 데이터베이스 등 다양한 형태로 공유해 접근성이 좋아요. 이처럼 여러 장점이 있어 OECD 통계는 유용한 자료로 인정받고 있죠.

압도적 영향력은 어디서 올까?

경제협력개발기구는 이름에 걸맞게 창립 이후 선진국을 중심으로 무역과 투자를 자유화하도록 힘썼어요. 이는 전 세계를 하나의 시장 체제로 발전시키는 것으로 이어졌어요. 또한 세계무역기구(WTO), 국제통화기금(IMF) 등 각종 국제기구와 끈끈한 관계를 맺어 경제 정책과 무역뿐 아니라 환경, 노동, 과학 등 사회 정책 전반에 걸쳐 협력을 이어 나갔어요.

그런데 사실 경제협력개발기구는 다른 국제기구와 달리 집행권이 없어요. 쉽게 말해 회원국에 강제로 무언가를 하게끔 할 수 없어요. 이를테면, 세계무역기구는 나라들끼리 경제 분쟁이 일어나면 옳고 그름을 결정할 수 있는 판결권과 집행권을 행사할 수 있고, 국제통화기금은 주요 정책과 활동을 결정하고 집행할 수 있어요. 반면 경제개발협력기구의 의사 결정은 회원국의 만장일치로만 이루어져요. 만약 특정 회원국이 어떤 안건에 반대하면, 그 안건은 채택될 수 없는 거죠.

경제협력개발기구는 집행권은 없지만, 세계정세에 미치는 영향력은 압도적이에요. 그 이유는 말했듯이 OECD 회원국이 주로 선진국으로 구성되기 때문이에요. 이들 국가는 세계 경제에 크나큰 영향력을 미치기에 자연스럽게 OECD의 영향력도 강력해졌어요.

경제협력개발기구의 통계는 여러 나라의 경제, 사회, 환경 등을 비교하고 분석할 수 있는 자료로 신뢰를 얻고 있어요. 각 나라의 정부는 OECD 통계를 통해 개선할 부분을 알고, 이를 보완하는 방향으로 정책을 세울 수 있어요. 각종 국제기구나 사회단체는 지원이 필요한 나라의 현실을 비교적 정확하게 파악하고, 그에 맞는 방법을 찾아갈 수도 있어요. 기업들 역시 OECD 통계를 참조해요. 그 이유는 투자와 사업 전략을 세우기 위해서예요. 이를테면, 국가마다 경제 상황이나 소비자 동향, 투자하고자 하는 나라나 도시의 현실 등을 파악하고, 그에 맞는 사업 전략을 세워요. 연구자들의 경우, OECD 통계를 활용함으로써 연구의 신뢰성을 높이고 있고요.

이처럼 OECD 통계는 다양한 곳에서 다양한 방식으로 활용되고 있어요. 그렇다고 OECD 통계를 전적으로 믿거나 통계 결과에 지나치게 의존하는 건 금물이에요. OECD 통계는 대체로 OECD 회원국의 자료를 기반으로 만들기 때문에 선진국이 아닌 나라의 현실은 충분히 반영하지 못해요. 또한 모든 통계가 그렇듯 통계에는 한계가 있으며, 어떻게 해석하느냐에 따라 결과가 달라질 수 있어요. 역사, 사회, 경제 등 다양한 분야가 복잡하게 얽혀 있기에 하나의 통계 지표만으로 설명하기에는 한계가 있기도 하고요.

WHO

세계모건기구

우한 폐렴에서 코비드-19로 명칭 변경

지은

대체 언제까지 마스크를 써야 하냐고! 우한 폐렴이 처음
생겼을 때만 해도 이렇게 오래갈 줄 몰랐는데.

> 요즘 누가 우한 폐렴이라고 해~
> 코로나라고 하지.

지은

아 맞다! 질병에 지역 이름을 붙이는 건 차별이랬지.
폐렴 아니고 바이러스이기도 하고. 내가 잘못했네….

> 반성이 빨라 좋다. 세계보건기구에서 코로나의
> 공식 명칭을 '코비드-19로 부르기로 한 건 알고 있지?

지은

응. 우린 간편하게 코로나19로 부르지만.
그러고 보니 왜 그렇게 정한 거지?

> 코비드(COVID)는 코로나(Corona), 바이러스(Virus),
> 질병(Disease)의 머리글자를 섞어 만든 거래. 숫자 19는
> 바이러스가 처음 발견된 2019년을 의미하고.

| + | iMessage | 🎤 |

코로나19의
시작과 끝을 선언하다

코로나19가 세계를 휩쓰는 동안 세계보건기구(WHO, World Health Organization)는 어느 국제기구보다 자주 뉴스에 등장했어요. 그도 그럴 것이 세계의 시선은 세계보건기구에 집중되어 있었어요.

세계보건기구는 코로나19에 대한 팬데믹을 선언하고, 관련 정보를 세계에 공유하거나 국제 협력을 촉구하는 등 바쁘게 움직였어요. 수많은 사람의 생명을 앗아 가고 세계 경제를 파탄에 이르게 한 바이러스의 정체를 파헤치며 대응할 방법을 찾는 것도 세계보건기구의 일이었죠. 몇 년이 흘러 코로나19는 거의 사그라들었고, 세계보건기구는 엔(N)데믹을 선언했어요. 다시 말해 코로나19가 감기나 독감처럼 일상적으로 유행하는 질병이 되었다는 것이었어요.

WHO, '코로나19 비상사태 해제'
사실상 '엔데믹' 선언 ▶

사실 세계보건기구가 엔데믹을 선언하지 않았어도 이미 세계의 많은 나라가 이전의 생활로 돌아간 상황이었어요. 하지만 세계보건기구의 선언은 '바이러스가 일단 물러갔음'을 보여 주는 상징적인 끝맺음이었죠. 그 시작도 마찬가지였어요. 이미 코로나19가 대유행으로 번졌는데, 세계보건기구가 팬데믹이라고 선언한 그날이 바이러스 유행의 상징적인 시작일이 되었어요.

세계보건기구는 어떤 존재이기에 코로나19의 시작과 끝을 정했을까요? 세계보건기구는 세계 보건과 관련한 문제를 다루기 위해 세워진 유엔 소속의 특수 기구예요. 1946년에 설립이 허가되었는데 정식으로 만들어진 건 1948년 4월 7일이에요. 이날은 '세계 보건의 날'이기도 해요. 세계보건기구에는 현재 194개 나라가 가입해 있고, 전 세계에 지역 사무소 6개와 국가 사무소 150개를 두고 있어요.

세계보건기구는 모든 사람이 평등하게 건강할 수 있는 권리를 제공하는 것을 목표로 삼고 있어요. 주요 활동으로는 국제 보건의 기준을 설정하고, 전염병의 발생을 감시하며 예방하는 일을 해요. 이러한 일을 하는 데 드는 비용은 회원국이 내는 분담금과 다른 유엔 기구의 지원금과 기부금 등에서 얻고 있어요.

전염병 때문에 만들어졌다고?

순조 21년, 1821년이었어요. 조선에 괴이한 병이 빠르게 퍼져 나갔어요. 《순조실록》에 따르면 심한 구토와 설사, 오한을 동반하는 이 병에 걸린 사람은 거의 살아남지 못했다고 해요. 당시 조선 사람들은 병의 정체를 알지 못했지만, 사실은 콜레라였어요.

콜레라는 원래 인도의 풍토병이에요. 그런데 어떻게 조선까지 건너왔을까요? 그 배경에는 영국의 제국주의가 있어요. 당시 영국은 식민지인 인도의 물자를 선박으로 날랐는데, 이 과정에서 영국군을 통해 콜레라까지 실어 나르게 된 거예요. 콜레라는 1820년 중국에 퍼졌고, 그다음 해 조선에까지 들어왔어요.

이들이 콜레라를 실어 날랐던 길에는 중국만 있던 게 아니었어요. 러시아를 거쳐 유럽 전역에 콜레라가 퍼졌어요. 그때 유럽의 도시 대부분은 배설물과 오수로 위생이 매우 좋지 않은 상태였거든요. 콜레라가 활동하기에 아주 좋은 환경이었죠. 영국인들이 옮긴 콜레라는 정작 영국에는 제일 마지막에 착륙했어요.

1830년은 그야말로 콜레라 시대였어요. 아시아와 유럽, 북아메리카 등 세계적으로 퍼져 나가 수많은 사람의 생명을 앗아 갔어요. 의료 지식이 부족해 제대로 대응하지 못했던 거예요. 세계는 보건 관련 정책과 시스템의 중요성을 느꼈고, 세계가 함께 힘을 합쳐야만 대처할 수 있다는 것을 깨달았어요. 이에 1851년 프랑스 파리에서 최초의 공식 국제 보건 회의를 개최했어요.

이 회의는 국제 보건 단체가 발전하는 데에 영향을 미쳤어요. 이후로 국제공공위생사무소, 국제연맹보건기구, 국제구제재활보건국 등이 만들어져 검역, 질병 관리, 전염병 통제 등의 활동을 해왔어요. 세계보건기구는 이런 단체들이 하던 일을 이어받아 유엔 소속의 보건 전문

기구로 설립되었어요.

왜 팬데믹 선언을
미뤘을까?

2019년 12월 31일, 세계보건기구는 중국에서 이상 폐렴이 생겨났다는 보고를 받았어요. 코로나19는 두어 달 만에 119개 나라로 빠르게 번졌어요. 그야말로 팬데믹이었죠. 그런데도 세계보건기구는 팬데믹 선언을 하지 않았어요. 팬데믹을 선포하면 인류의 공포가 극에 달하면서 사회문제가 일어날 수도 있다는 것이 이유였어요. 하지만 이 주장은 별로 설득력이 없었어요. 세계보건기구가 걱정한 일은 이미 벌어지고 있었으니까요. 그러니 사람들은 팬데믹 선포를 미루는 데에는 또 다른 이유가 있다고 생각했어요.

세계 방역관제탑 WHO, 중국 눈치를 보다 ▶

2020년 세계 대부분 언론에서는 이와 같은 제목의 기사가 터져 나왔어요. 세계보건기구가 막대한 자금을 지원하는 중국의 눈치를 살피느라 팬데믹 선포를 미루고 있다는 거였죠. 결국 세계보건기구는 2020년 3월에 팬데믹 상황임을 공식적으로 밝혔어요. 이미 코로나19 확진

자는 약 12만 명을 넘어섰고, 사망자는 약 4,400명에 달했을 때였죠.

잃어버린 한 달. WHO 늦장 대응에
팬데믹 골든타임 놓쳤다 ▶

　세계보건기구가 팬데믹을 선언하는 타이밍만 놓쳤던 건 아니에요. 코로나19와 관련한 다른 문제도 있었어요. 국제사회에 제공하는 정보가 투명하지 않았고, 지침과 조언을 수시로 바꾸기도 했어요. 적절한 대응 방안과 안전 수칙을 찾아야 하는 시기를 놓친 거예요.

　전염병이 한번 유행하면 질병과 죽음이 세계 곳곳을 떠돌게 되죠. 특히 세계화 시대에 전염병은 나라 간 전파 속도가 빨라요. 그렇기에 모든 나라가 함께 대응하도록 세계보건기구의 역할이 그 어느 때보다 중요했던 것인데요. 그러지 못했으니 국제사회의 비난을 받은 거예요.

백신 접종,
스마트폰으로 인증하는 세상

　세계는 코로나19를 3년 넘게 경험했어요. 그 과정에서 인류가 바이러스에 얼마나 취약한지 여실히 드러났고, 무엇보다 바이러스에 대한 준비가 전혀 되어 있지 않다는 것도 알게 되었죠. 또한 나라 간 협력과 공생이 잘 이루어지지 않아 백신 부족에 따른 불평등이 일어나고 말았어요. 정보를 공유함에 있어 제한이 많은 것도 큰 문제였어요. 국제적 차원에서 제대로 대응할 '황금 시기'를 놓쳤던 이유가 되었으니까요.

세계보건총회는 매년 5월 스위스 제네바에서 열려요. 팬데믹 동안 정상적인 회의를 못하다가 2023년 5월에야 다시 시작했어요. 이 총회에서 세계보건기구는 또 다른 팬데믹이 일어날 가능성에 대해 논의했어요. 그리고 그다음 달에 언론에서 주목할 만한 계획을 내놓았어요.

유럽연합의 '디지털 코비드-19 인증 시스템' 도입하기로 ▶

스마트폰으로 확인 가능한 코로나19 백신 접종 증명서

'디지털 코비드-19 인증 시스템'은 유럽연합이 디지털 인증 네트워크를 기반으로 만든 전자 예방접종 증명서예요. 이 증명서는 코로나19에 대한 백신 접종 여부, 감염 검사 결과 등을 스마트폰으로 인증할 수 있도록 디지털 형태로 제공해 바이러스가 퍼지는 것을 예방했어요. 그 덕분에 다시 해외여행도 할 수 있게 되었죠. 세계보건기구는 국제 인증서의 디지털화뿐 아니라 세계보건기구의 시스템을 기술적으로 발전시키는 것을 목표로 두고 있어요.

백신으로 보는 불평등

코로나19는 2019년 11월 중국에서 최초로 알려졌고, 2020년 2월에는 전 세계로 퍼졌어요. 이후 세상은 혼돈 그 자체였어요. 수많은 사람이 목숨을 잃었고, 수많은 나라가 문을 걸어 잠그는 국가 봉쇄를 결정했어요. 무서운 속도로 퍼지는 바이러스를 그나마 멈추게 할 방법은 백신뿐이었어요.

상식적으로 생각하면 세계는 모든 사람에게 백신이 가도록 힘을 합쳐야 했어요. 전염성이 강한 바이러스는 몇몇 나라에서만 사라진다고 해서 해결될 문제가 아니기도 하니까요. 하지만 국력이 강한 선진국을 중심으로 백신 전쟁이 펼쳐졌어요. 그 결과는 참담했죠. 고소득 나라에서는 100명당 104회분의 백신이 접종되었지만, 소득이 가장 적은 나라에서는 100명당 겨우 2회분의 백신이 접종되었어요. 이에 세계보건기구의 선임 고문은 "코로나 백신 불평등은 치욕스러운 일"이라고 말하며 주요 국가들에 문제 해결을 요구하기도 했어요.

세계는 코로나19로 감염의 공포를 맛봐야 했고, 경제적 손실에 따른 고통을 겪어야 했어요. 그런데 이보다 더 큰 상처도 생겼어요. 바로 약자에 대한 차별이에요. 많은 나라에서는 "약한 사람은 그냥 죽게 내버려 둬"라는 목소리가 서슴없이 나왔고, 강대국들은 백신 사재기로 가난한 나라의 가난한 사람들이 백신을 맞을 기회를 빼앗았어요. 이러한 일들은 공존이 아닌 차별과 불신으로 얼룩진 세계의 현주소를 적나라하게 보여 주었어요.

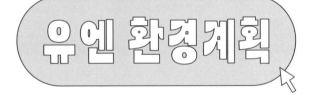

기후변화에 대처하는 환경 보고서 발표

지은

더워 죽겠다. 유럽도 폭염으로 완전 난리 났대.

진짜? 유럽의 여름은 우리나라보다
시원한 줄 알았는데.

지은

예전엔 그랬지. 이젠 폭염 때문에 사람이 죽기도 한대.
지구온난화로 2050년까지 인류 90%가 멸종할 수 있다더라.

뭐, 2050년? 그때 내가 몇 살이지? 지금이라도
세계가 힘을 합쳐 뭐라도 해야 하는 거 아니야?

지은

유엔 환경계획도 기후 문제를 해결하려고 애쓰고 있더라.
매년 환경 관련해 보고서도 내고.

왜 그런 보고서를 내는데?

지은

지금 우리에게 닥친 문제가 뭔지 아는 게 중요하니까.
그래야 해결 방법도 찾을 수 있잖아.

 iMessage

지구를 위협하는 3가지

2022년 2월, 유엔 환경계획(UNEP, United Nations Environment Programme)은 〈소음, 대형 화재, 불일치〉라는 제목의 보고서를 발표했어요. 이 보고서에 따르면 소음 공해, 산불, 생태 교란이 인류를 위협할 것이라고 했어요.

UNEP 총장 '환경 위협으로 생물 다양성이 손실되고 있어…
시급히 해결책 찾아야 할 것' ▶

2020년 미국 캘리포니아의 초대형 산불

'소음 공해'는 일상에서 우리가 이미 겪고 있어요. 긴 시간 동안 높은 수준의 소음에 노출되면 만성적인 짜증과 수면 장애를 겪게 되는데, 이는 곧 심각한 심장 질환과 대사 장애를 불러올 수 있어요.

'산불'은 소음 공해만큼 일상적인 일은 아니에요. 그래서 덜 와닿을 수 있어요. 하지만 지난 몇 년간 세계 곳곳에서 대형 산불이 자주 일어났어요. 산불의 규모가 커지는 것은 기후변화와도 관련 있어요. 기온이 오르며 폭염과 가뭄이 늘어났고, 강풍과 번개도 잦아졌어요. 또, 기온에 비해 습도는 낮아져 한번 발생한 산불은 쉽사리 꺼지지 않아요.

'생태 교란'은 생태계가 원래 흐름에서 벗어나 혼란스러워지는 것을 말해요. 산불과 마찬가지로 기후변화가 원인이에요. 심각한 가뭄과 홍

기후변화에 따른 가뭄과 홍수

수는 동식물의 자연적인 흐름을 방해하고, 곡물 생산에도 영향을 미쳐요. 이는 곧 식량 부족 사태로 이어지고 식량 전쟁을 일으킬 수 있어요.

인류를 위협하는 3가지는 모두 현대 문명이 만들어 낸 결과물이에요. 인류는 더 풍족하고 편한 생활을 담보로 탄소를 배출했고, 탄소는 지구온난화의 주범이 되었어요. 온난화로 높아진 지구 온도는 기후변화를 일으키고, 북극의 얼음을 녹여 해수면 수위를 높여요. 생태계 파괴가 인류에게 어떤 재앙을 가져올지는 그 누구도 정확하게 예측할 수 없어요. 이제껏 인류가 경험해 본 적 없는 일이니까요.

유엔 환경계획은 보고서를 통해 "우린 지금 위험해"라고 겁을 주려는 게 아니에요. "현실을 똑바로 보고, 이 위험을 헤쳐 나갈 방법을 찾아야 해"라고 말하는 것과 같아요. 이에 대해 세계 각국은 탄소 배출량을 줄이고 생물 다양성을 유지하기 위한 방법을 제시하고 있어요.

그런데 유엔 환경계획은 어떤 곳이기에 이런 보고서를 내는 것일까요?

하나뿐인 지구를 위해 모이다

1972년 6월, 스웨덴 스톡홀름에서 유엔 인간환경 회의가 열렸어요. 114개 나라와 257개 민간단체가 참여한, 상당히 규모가 큰 회의였어요. 놀랍게도 이 회의는 환경 관련 국제회의로서 최초였어요. 세계가 1972년에서야 기후변화의 심각성을 알게 되었다는 걸까요?

1912년 일부 언론사에서는 지구온난화를 경고하는 기사를 내기도 했어요. 적어도 100년 전부터 '탄소 배출로 온난화가 일어날 것이며, 이는 급격한 기후변화로 이어질 것'이라는 인식이 존재했다는 사실을 알 수 있어요.

온난화의 심각성이 널리 알려진 건 1950년대부터예요. 1958년, 전자공학과 컴퓨터 분야를 연구하는 미국 벨 연구소는 기후 관련 다큐멘터리를 통해 '탄소 배출로 대기가 점점 뜨거워지고 있다'고 경고하기도 했어요. 이 외에도 많은 기상학자를 비롯한 과학자가 온난화에 대한 우려를 표했지만, 국제사회의 안건으로 오른 건 유엔 인간환경 회의가 처음이었죠.

유엔 인간환경 회의는 '오직 하나뿐인 지구'를 슬로건으로 내걸었어요. 이 회의에서 여러 안건이 나왔는데, 그중 하나로 '세계 환경의 날'을 제정했다는 것이 주목할 만해요. 또한 유엔 인간환경 선언을 채택하고 유엔 환경계획을 설립한 것도 회의의 결과예요.

세계 환경의 날은 매년 6월 5일이에요. 유엔 인간환경 회의가 열린 날이 6월 5일이었기에 이날을 기념하고 나아가 환경문제에 대한 경각심을 일깨우고자 한 것이죠. 유엔 인간환경 선언은 인간이 살기 좋은 환경을 보호하고 더 나아지게 하기 위해 전 세계가 지켜야 하는 공통의 원칙이에요. 26개의 원칙에는 대기 오염 방지, 유해 물질의 배출 규칙, 오염 물질 규제, 천연자원 관리 등이 있어요.

유엔 인간환경 선언이 단지 선언으로 끝나지 않으려면 이를 실행할 곳이 필요했어요. 그래서 만들어진 것이 유엔 환경계획이에요.

환경문제는
세계가 함께 해결할 일

유엔 환경계획은 유엔 인간환경 회의가 있고 그다음 해인 1973년 1월 1일에 설립되었어요. 본부는 케냐 나이로비에 있어요. 유엔 환경계획의 가장 큰 목적은 환경과 관련된 다른 국제기구나 나라에 경비와 기술 인력을 지원해 환경을 보호하고 복원하는 데 도움을 주는 거예요.

환경문제는 몇몇 선진국이 노력하는 것으로는 극복할 수 없어요. 국제적 차원에서 지원해 주는 기구가 있어야 해요. 그 일을 하는 곳이 바로 유엔 환경계획이에요. 유엔 환경계획에서 매년 환경 관련 보고서를 발표하는 것도 정보를 공유하고, 공유한 정보를 바탕으로 국제적으로 실현 가능한 대책을 세우기 위해서예요.

유엔 환경계획은 여러 국제 협약의 협상을 앞장서 이끌고 관리하는 일도 맡고 있어요. 대표적인 예로 몬트리올 의정서, 바젤 협약, 생물 다양성 협약이 있어요. 1989년 법적 효력이 생긴 몬트리올 의정서는 오존층을 파괴하는 물질을 줄여 나가는 것을 목표로 해요. 바젤 협약은

1992년에 발효되었으며 나라 간 교역에서 유해 폐기물을 규제하는 것을 주요 목적으로 삼아요. 생물 다양성 협약은 생물종이 멸종하지 않게 생물 다양성을 보호할 목적으로 1993년 발효되었고요.

전 지구적 노력이
필요할 때

'지구온난화로 지구는 점차 뜨거워질 것이고, 2050년이 되면 사람이 살기 힘든 세상이 될 것이다.'

이와 같은 경고는 오래전부터 나왔어요. 무시무시한 경고에도 다가올 재앙을 막기 위한 노력은 뒤따르지 않았어요. 환경문제는 정치·경제적 사정에 따라 뒤로 밀려나곤 했으니까요. 그런데 이제 더는 환경문제를 미룰 수 없게 되었어요.

심각해지는 환경오염, 전 세계 공통 문제 ▶

'그래서 어떻게 환경문제를 해결할 건데? 환경문제를 해결하는 과정에서 일상의 불편이나 경제적 손해는 어떻게 감수할 거고? 정치적으로 혼란한 나라에서는 환경문제를 생각할 수 없잖아. 선진국이나 개발도상국보다 환경문제에 책임이 크지 않고 당장 환경문제를 해결할

여력이 없는 가난한 나라들은 어떻게 할 거고?'

아마도 많은 사람이 이러한 의문을 품을 거예요. 유엔 환경계획은 이 어려운 숙제를 해결할 방법의 하나로 세이프가드 정책을 활용하고 있어요. '세이프가드'는 원래 각종 위협에서 자산을 보호하는 기술이나 정책, 절차를 뜻해요. 이를 환경문제에 가져오면, 환경문제를 해결하는 과정에서 일어날 법한 또 다른 환경문제인 경제적 손실이나 정치적 이해관계, 인권 문제 등을 미리 알고 대처 방안까지 두루 살필 수 있어요.

하지만 지구가 처한 환경문제는 유엔 환경계획의 노력만으로 해결되지 않아요. 데이비드 월러스 웰즈는 저서 《2050 거주불능 지구》에서 '기관이나 기구를 통해 기후를 조절할 수 있을 거라는 믿음은 순진한 착각'이라고 말하기도 했어요. 유엔 환경계획이 지금의 위기를 진단하고 세이프가드 정책 등을 실행해도 전 지구적 노력이 따르지 않는다면, 우리는 브레이크 없는 자동차처럼 '거주불능 지구'로 달려갈 수밖에 없어요.

기후변화를 막기 위한 국제기구

유엔 환경계획은 1998년 세계기상기구(WMO)와 손을 잡고 기후변화에 관한 정부 간 협의체(IPCC)를 설립했어요. 각 나라의 기상학자, 해양학자, 빙하 전문가, 경제학자 등 약 3,000여 명의 전문가로 이루어진 이 협의체의 본부는 스위스에 있어요.

IPCC의 목표는 크게 2가지예요. 하나는 기후변화를 과학기술적으로 분석하는 거예요. 다른 하나는 기후변화가 일어나는 속도를 줄일 수 있는 지침을 세계에 전달하는 것이고요. 다시 말해 IPCC는 각국에서 정책을 세우는 사람들에게 기후변화의 영향과 미래에 닥쳐올 위험에 대한 과학적 평가, 그리고 그에 알맞은 지침을 제공함으로써 기후변화가 일어나는 속도를 최대한 줄이고자 노력하고 있어요. 2007년에는 이러한 공로를 인정받아 노벨 평화상을 받는 쾌거를 이루기도 했어요.

IAEA

국제원자력기구

:34

후쿠시마 오염수 방류 '안전 기준 부합'

지은

와, 어이없네. 20에년에 일본 후쿠시마에서
원전 사고 일어난 거 알지?

> 당연하지. 사람도 많이 죽고 후쿠시마는
> 방사능에 오염됐잖아.

지은

일본이 그때 사고로 생겨난 방사능 오염수를
바다에 내보낼 거래. 그것도 130만 톤이나.

> 뭐? 그럼 바다가 오염될 텐데,
> 국제사회가 그걸 가만히 내버려 둬?

지은

내 말이. 우리 세대뿐 아니라 다음 세대도 깨끗한 바다를 못 누
릴걸? 그런데도 국제원자력기구가 오염수 방류가 안전하다는
보고서를 냈어.

> 국제원자력기구는 왜 그런 결론을 낸 거래?

지은

그게 돈 때문이래. 일본 정부가 국제원자력기구 관계자들에게
거액을 줬다는 문서가 나왔어.

> 실화냐?

iMessage

핵폭탄 때문에
만들어졌다고?

"제가 만든 상대성이론으로 독일이 폭탄을 만들려 합니다. 미국은 이에 대비해 독일보다 먼저 만들어야 합니다."

유대계 독일인이었던 물리학자 알베르트 아인슈타인은 히틀러의 탄압을 피해 미국으로 건너가 당시 미국 대통령이었던 프랭클린 D.루스벨트에게 이런 내용의 편지를 썼어요. 편지에는 아인슈타인뿐 아니라 다른 과학자들의 서명도 있었어요. 이 편지는 일명 '아인슈타인의 편지'로 알려져 있어요.

아인슈타인이 언급한 폭탄은 다름 아닌 핵폭탄이었어요. 아인슈타

아인슈타인이 루스벨트 대통령에게 보낸 편지 사본

2면 환경 & 과학

인의 편지는 미국의 원자력과 핵물리학 연구에 속도를 더하는 계기가 되었어요. 이후 미국은 핵폭탄 개발을 목표로 맨해튼 프로젝트를 진행하며, 1945년 7월 핵폭탄을 만드는 데에 성공해요. 그리고 바로 다음 달에는 2개의 핵폭탄을 일본 히로시마와 나가사키에 각각 떨어뜨렸어요. 이 폭발로 수많은 사람이 죽거나 다쳤어요. 방사능 후유증으로 나중에 목숨을 잃은 사람들까지 합하면 전체 사망자는 이보다 훨씬 많아요.

핵폭탄은 일반 무기와는 비교할 수 없을 정도로 파괴력이 엄청났어요. 핵폭탄이 터지는 순간 발생하는 열과 방사능의 범위는 매우 넓었죠. 당시 세계는 핵무기의 어마어마한 위력에 공포를 느꼈어요.

미 대통령 아이젠하워, 유엔총회에서 '원자력의 평화적 이용'을 제목으로 연설 ▶

1953년 12월 8일, 전 세계 신문에는 미국의 34대 대통령 드와이트 아이젠하워의 유엔총회 연설에 관한 기사가 실렸어요. 아이젠하워는 핵이 군사적 목적으로 쓰이지 않도록 막기 위해 국제기구를 만들자는 의견을 내놓았어요. 덧붙여 원자력 발전과 같이 평화적인 목적으로 핵을 이용하려는 국가에는 기술을 제공하겠다고 밝혔어요. 원자력에 관심이 있는 나라들에는 구미가 당기는 제안이었죠.

1954년 8월 30일 유엔총회에서
새로운 원자력법이 제정된다 ▶

　미국은 인류 역사상 최초로 다른 나라에 원자폭탄을 떨어뜨린 나라예요. 그런데 역설적이게도 평화를 위해 원자력을 이용하자며 국제사회에 가장 먼저 협력을 제안한 거예요. 이 제안은 국제원자력기구의 토대가 되었어요.

후쿠시마 오염수로 보는
IAEA 보고서

　국제원자력기구는 1956년에 설립되었어요. 본부는 오스트리아 빈에 있고, 176개 나라가 가입해 있어요. 우리나라는 1957년 회원국이 되었는데, 그로부터 64년이 지난 2021년 의장국으로 뽑히기도 했어요. 의장국은 의장 직책을 맡은 나라를 말해요.

　국제원자력기구는 원자력의 평화적 이용과 국제간 공동 관리를 목적으로 활동해요. 이를 위해 세계는 원자력 발전을 하고 원자력을 사용할 때 국제적인 안전 기준을 지켜야 해요. 일본 정부가 방사능 오염수를 마음대로 바다에 버리기 전에 국제원자력기구에 안전 기준 검증을 받은 것도 이 때문이에요. 검증 의뢰를 받은 국제원자력기구는 일

후쿠시마 오염수 방류에 대한 안전 기준 검증을 위해 일본에 방문한 국제원자력기구 조사단
©IAEA Imagebank/ commons.wikimedia.org

본에 전문가들로 구성된 조사단을 보냈어요. 국제원자력기구의 안전 기준에 맞는지 알아보기 위해서였죠.

IAEA 후쿠시마 오염수 최종 보고서
'국제 안전 기준 부합' ▷

2023년 국제원자력기구가 낸 보고서는 일본이 방사능 오염수를 바다에 방류하는 것에 면죄부를 주었어요. 하지만 국제사회는 국제원자력기구 보고서에 의심의 눈길을 거두지 않았어요.

세계의 많은 언론이 일본이 돈으로 국제원자력기구의 검증을 조작했다고 말했지만, 실제로 일본을 막을 방법은 없었어요. 그런데 만약 국제원자력기구가 '방사능 오염수는 안전하지 않으니 바다에 방류하면 안 된다'는 내용을 보고서에 담았다면, 일본은 방사능 오염수를 바다에 버리지 못할까요? 그렇지는 않아요.

국제원자력기구는 강제력이 없어요. 회원국 간의 협력과 국제적인 합의를 통해 권고와 지침만 내릴 수 있죠. 그러니까 국제원자력기구가 후쿠시마 방사능 오염수가 바다를 심각하게 오염시킨다는 결론을 냈다 하더라도, 법적으로 일본이 오염수를 버리는 것을 막을 방법이 없는 거예요.

핵무기를 마음대로 못 만드는 이유

핵무기는 인간이 만든 무기 중에서 가장 강력한 파괴력을 지니고 있어요. 《코스모스》의 저자로 유명한 미국의 천문학자 칼 세이건을 비롯한 몇몇 과학자들은 핵겨울의 위험을 제기하기도 했어요. '핵겨울'은 핵전쟁이 일어나 지구에 존재하는 핵무기가 동시에 사용될 경우, 폭발 과정에서 생겨난 수많은 입자가 대기에 나오면서 태양광을 차단해 결국에는 지구 온도를 매우 빠르게 낮출 것이라는 이론이에요.

핵폭발 모습

  핵겨울은 현실이 될 가능성을 떠나 핵무기가 그만큼 인류의 생존에 위협이 된다는 것을 알게 해요. 이처럼 위험한 무기임에도 많은 나라가 핵무기를 만들고 가지려 해요. 이를 막는 일 또한 국제원자력기구의 역할이에요. 회원국 간의 협력을 이끌거나 핵 확산금지 조약에 따라 핵무기를 개발하지 못하도록 감시하는 거죠.

  '핵 확산금지 조약'은 1968년 58개 나라가 맺은 국제 조약이에요. 핵무기의 위험성에도 불구하고 소련(지금의 러시아), 영국, 프랑스, 중국이 연이어 핵 실험에 성공하면서 핵무기 보유국이 되었어요. 그러고는 다른 나라가 핵무기를 만들거나 보유하지 못하도록 금지했어요. 핵 확산금지 조약을 만든 거죠.

IAEA, 핵 확산금지 조약을 지원하다 ▶

이 조약에 따르면 미국, 러시아, 중국, 영국, 프랑스는 '핵무기 보유국'으로, 그 외의 국가들은 '비핵무기 보유국'으로 나뉘어요. 비핵무기 보유국은 핵무기를 개발하지 말아야 할 뿐 아니라, 만약 핵무기를 가지고 있다면 완전히 없애 버려야 해요. 이를 감시하는 일을 국제원자력기구가 하고 있어요. 이를테면 핵 확산금지 조약 회원국들에 핵 시설에 대한 정보 제공을 요구하고 현장 검사를 할 수 있어요.

세계 평화를 위한 발걸음

국제원자력기구는 원자력의 평화적 이용을 목표로 여러 활동을 펼치고 있어요. 대표적으로 기술 협력, 안전 조치, 원자력 안전과 핵 안보 관련 활동이 있어요.

기술 협력으로는 원자력을 농업, 보건, 산업에서 이용하거나 핵융합 같은 기초과학의 연구와 개발을 지원해요. 또, 개발도상국에 평화적 목적으로 원자력 기술을 옮겨 가는 일을 해요. 안전 조치 활동은 군대나 전쟁과 같은 군사 목적으로 핵 물질을 만들려고 하는 나라를 감시

원자력 발전소

해 핵 물질이 개발되지 못하게 막는 것이고요.

원자력 안전 활동으로는 세계 각국에 있는 원자력 발전소의 안전성을 점검하거나 안전 기준을 세우고 그에 맞춰 쓰도록 하고 있어요. 핵 안보 관련 활동으로는 핵 물질이나 관련 시설에 탈취나 무단 접근 등이 일어나지 않도록 예방하는 서비스를 제공해요.

그런데 이러한 활동에는 몇 가지 한계가 있어요. 국제원자력기구는 강제력이 없기에 군사 목적으로 핵 물질을 만들려는 나라에 간섭하기가 쉽지 않아요. 마찬가지로 정보를 모으고 관리하는 데에도 큰 어려움이 있어요.

대부분 국가는 자기들의 이익을 위해 움직여요. 정치·경제·군사적 목적으로 핵에너지나 핵무기를 개발하는 나라들은 국가 안보, 다시 말해 나라를 지킨다는 이유로 일부 정보를 투명하게 밝히지 않고 있어요.

비밀리에 핵 개발한 파키스탄 ▶

이스라엘, 핵무기 수백 기 보유 ▶

또한 국제원자력기구에 가입하지 않은 나라는 국제사회가 핵무기가 퍼지는 걸 막으려고 해도 핵무기 개발에 열을 올려요. 북한, 인도, 파키스탄, 이스라엘이 대표적인 예라고 할 수 있어요.

우크라이나 북부에 체르노빌이라는 도시가 있어요. 그런데 이 도시는 40년 가까이 아무도 살지 못하는 버려진 땅이 되었어요. 도대체 이곳에서 무슨 일이 있었던 걸까요?

1986년이었어요. 체르노빌 원자력 발전소 4호기가 제어 장치의 결함과 안전 불감증 등의 이유로 폭발했어요. 이때 엄청난 양의 방사성 물질이 누출되었어요. 후쿠시마 원전 사고 누출량의 10배 수준이었죠. 이 사고로 약 5만 제곱킬로미터에 달하는 땅이 방사능에 오염되었어요.

당시 화재를 진압하던 소방관과 원전 직원 여럿이 목숨을 잃었어요. 방사능에 노출되어 심각한 질환에 시달리다 죽은 사람은 훨씬 많고요. 체르노빌 원전 주변 30킬로미터 이내에 살던 주민 9만 명이 강제 이주되었는데, 이후 약 8,000명이 후유증으로 목숨을 잃었어요. 환경단체는 방사능에 피폭되어 죽은 이들이 3~6만 명이라 보기도 해요. 이처럼 정부나 여러 단체가 추정하는 사망자 수가 다른 이유는 방사능에 노출된 사람이 다양한 질병에 시달리다 죽는 경우가 많기 때문이에요.

'인류 최악의 방사능 누출 사고'로 기록된 체르노빌 원전 사고는 핵에너지 시설의 위험성과 안전한 관리의 필요성을 일깨워 주었어요.

WMO

세계기상기구

전 세계 기후재앙 5배 늘었다

지은

"지구 기온이 2027년 안에 산업혁명 이전보다
1.5도 이상 높아질 가능성이 크다."

갑자기 뭐래?

지은

세계기상기구가 낸 전망이야. 이 기사 한번 읽어 봐. (기사 링크)

"기후변화 1.5도 마지노선 5년 내 뚫린다.
이 때문에 이상기후가 발생할 확률이 높아진다."

지은

이게 예측일 뿐이면 좋겠다. 그런데 세계기상기구 예측이라
안 믿을 수가 없어.

세계기상기구? 저번에 얘기한 유엔 환경계획 얘기인 줄.
둘 다 환경 관련 국제기구 아니야?

지은

맞아. 둘 다 유엔에 속해 있기도 해.

둘이 뭐가 다른데?

지은

유엔 환경계획은 환경문제를 넓은 범위에서 다룬다면, 세계기
상기구는 기상, 기후, 대기 조사에 중점을 두고 있어.

| + | iMessage | 🎤 |

국제기상기구에서
세계기상기구로

세계기상기구(WMO, World Meteorological Organization)가 있기 전 국제기상기구(IMO)가 있었어요. 국제기상기구는 최초의 기상 관련 국제기구로 1873년에 설립되었어요.

당시 유럽은 식민지 개척에 한창 열을 올릴 때였어요. 해양 진출에 나선 나라가 많았고, 이들은 안전한 운항을 위해 기상 정보를 중요하게 여겼어요. 이에 유럽의 여러 나라는 국제기상기구를 만들어 기상 관측 데이터와 정보를 공유하고 기상 서비스를 표준화하기 시작했죠.

이후 기상과학의 발달로 기상 현상과 기후의 연관성에 대한 이해가 높아지자 국제기상기구도 큰 변화를 요구받게 되었어요. 이를테면 기후 현상과 기상의 범위를 넓히고, 관련한 문제를 이전보다 포괄적으로 다루어야 했죠. 그 결과 1947년에 열린 국제기상기구 총회에서 새로운 국제 기상기구를 만들기로 결정해요.

국제기상기구,
'기상 현상과 기후변화엔 국경 없어.
국제 협력을 촉진하다' ▶

세계기상기구는 1950년 유엔 소속의 기상 전문 기구로 설립되었어요. 이후로 세계기상기구는 다양한 활동을 펼쳐 왔어요. 주요 활동으로는 날씨, 기후, 물과 관련한 현상을 관측하고 자료를 세계에 공유해요. 재난이 일어나지 않도록 막기 위해 과학적인 기후 데이터 서비스를 제공하기도 하고, 기상학과 관련 분야를 연구하고 교육하는 등 다양한 일을 하고 있죠. 현재 191개 나라가 회원국으로 있고, 본부는 스위스 제네바에 있어요.

예측보다 빠른
기후변화 속도

2023년 7월 4일, 세계 언론은 '지구온난화와 다시 시작된 엘니뇨의 영향으로 지난 3일 지구 평균기온이 역사상 가장 높이 올랐다'는 내용의 기사를 냈어요.

지구 평균기온 17.01도 '관측 이래 최고' ▶

한 언론에서는 "인류에 사형선고가 내려진 것"이라는 영국 기상학자의 말을 인용하기도 했어요. 그런데 바로 그다음 날, 세계 언론은 전날과 비슷한 내용의 기사를 또 냈어요.

지구 평균기온 17.18도로 또 최고치 ▶

 그전 2023년 5월에 세계기상기구는 지구의 최고 기온 기록이 조만간 깨질 수 있다는 내용의 보고서를 발표했어요. 지금까지 관측한 기록에 따르면 지구가 가장 더웠던 해는 2016년인데, 이 기록이 5년 이내에 깨질 확률이 98%라는 거였죠.

 이 보고서가 나온 지 두 달이 지나지 않아 기후변화 최후 방어선이라고 할 수 있는 1.5도가 뚫리고 말았어요. 기후변화의 속도가 세계기상기구의 예측보다 더 빠르게 진행된 거예요.

 세계기상기구의 보고서는 기상과학에 따른 방법과 국제표준에 맞춰 작성해요. 이렇게 완성된 기후 보고서는 여러 기후학자와 전문가의 검토를 거치게 되죠. 보고서 내용으로는 기후변화와 관련된 최신 데이터, 국제적 기상 관측 결과와 미래 기후 추이, 기후변화로 발생할 수 있는 자연재해 등이 있어요. 세계기상기구의 기후 보고서는 비교적 정확한 정보를 담고 있다는 평가를 얻고 있어요.

모두를 위한
기후예측 자료 대공개

 2023년 한국 기상청은 세계기상기구 장기예보 선도센터의 기후예

　　　　　　　　　　　　　　　　　　　　2면 환경 & 과학

측 자료를 누구나 볼 수 있게끔 공개한다고 발표했어요. 그런데 세계기상기구 장기예보 선도센터는 무엇을 하는 곳일까요?

기상청, 세계기상기구 장기예보 선도센터의
기후예측 자료 전면 개방 ▶

'세계기상기구 장기예보 선도센터'는 전 세계를 대표해서 장기예보, 그러니까 72시간 이상의 일기예보를 제공하는 곳이에요. 전 세계 규모의 기후예측 자료를 만들려면 뛰어난 기술력과 특별한 지식이 필요해요. 그렇기에 장기예보 선도센터는 전 세계에 단 12곳밖에 없어요. 그중 하나가 바로 한국의 기상청이에요. 이 외에 미국, 영국, 프랑스, 독일 등에 있어요.

한국의 기상청은 다중모델 앙상블이라는 기술을 인정받아 2009년 4월부터 세계기상기구 장기예보 선도센터를 운영해 왔어요. '다중모델 앙상블'은 하나의 강력한 모델을 사용하는 대신 그보다 약한 모델 여러 개를 조합해 더 정확한 예측에 도움을 주는 방식이에요. 이렇게 12곳의 장기예보 선도센터에서 생산한 기후예측 자료를 모으고 표준화해 세계기상기구 회원국에 제공하고 있어요.

한편 한국 기상청은 기후예측 자료를 국내외 공공, 민간, 학계 등 모든 사람이 이용할 수 있게 공개했어요. 기상청은 어째서 기후예측 자료의 전면 개방을 결정했을까요? 그 답은 유희동 기상청장의 인터뷰에서 찾아볼 수 있어요.

유희동 기상청장은 기후변화로 세계적으로 이상기후 피해가 잦은 현재 상황에서는 과학적인 기후 예측 정보를 기반으로 한 위기 대응이 필요하다고 말했어요. 바로 모두가 기후예측 자료를 살필 수 있도록 열어 둔 이유였죠.

지구열대화를
막기 위한 계획

매년 세계 곳곳에서 일어나는 기후재난은 뉴스를 통해 전해지고 있어요. 그런데 이런 뉴스에 꼭 따라붙는 수식어가 있어요. '역대', '극단적', '최악' 같은 표현이죠. 작년 여름 역대 최고로 더웠다는 지구는 이번 여름에도 역대 최고로 높은 기온이었고, 작년 여름 최악의 홍수에 시달렸다는 지구는 이번 여름에도 최악의 홍수를 기록했어요.

그러니까 지구온난화에 따른 기후재난은 매년 이전의 기록을 깨고 새로운 기록을 세우는 중이에요. 2023년 7월에 역대급 태풍, 극단적 폭염, 최악의 홍수 등이 세계 곳곳을 휩쓸자 유엔 사무총장 안토니우 구테레스는 다음과 같이 표현했어요.

"지구온난화 시대는 갔고, 앞으로 지구열대화 시대가 올 것이다."

당시의 극단적 폭염은 예외적 더위가 아님을 분명하게 밝힌 것이었

기후변화로 더욱 강력해진 허리케인으로 침수된 도로

어요. 실제로 기후위기 대응 목표로 지구 기온을 1.5도 낮추는 것이 어려워지고 있다는 연구 결과들이 발표되고 있어요.

이제 인류는 '지구온난화를 어떻게 막을 것인가'보다 '지구온난화에 따른 기후재앙 피해를 어떻게 최소화할 것인가'를 고민하고 있어요. 세계기상기구는 이에 대해 정밀 예측으로 기후재난 피해를 줄여야 한다고 판단하고 다음과 같은 계획을 발표하기도 했어요.

세계기상기구,
지속 가능한 온실가스 모니터링 계획 발표 ▶

기후 문제에는 국경이 없고, 기후변화에 적응하는 것은 선택이 아닌 필수가 되었어요. 이에 따라 세계기상기구를 비롯한 기상 관련 기관들의 중요성은 점점 더 커지고 있어요.

기상이변이 불러온 변화

기상이변은 우리 생활에도 큰 변화를 일으켜요. 대표적인 변화로 식량 부족과 물 부족 현상이 있어요. 폭염, 홍수, 태풍 등과 같은 기후변화는 작물의 생육 기간과 생산량에 영향을 미쳐요. 이는 곧 농산물 부족으로 이어지고요. 또한 기후변화로 해수면이 높아지면 지하수의 염분이 증가해 담수로 사용할 수 있는 자원이 줄어들어요. 가뭄이 빈번해지면서 물 부족 현상이 심각해질 수도 있어요. 생태계에도 큰 영향을 미쳐요. 그 예로 바다의 산성화가 있어요. 해수면 상승은 바닷물 온도를 높이는데, 이는 바다의 산성화를 일으켜 해양 생태계의 파괴를 불러와요. 그럼 어류나 해산물의 개체 수가 줄면서 우리의 먹거리도 구하기 힘들어지겠죠.

해수면이 상승하면 지대가 낮은 해안 도시들은 물에 잠기기도 해요. 예측대로라면, 태평양의 작은 섬나라 키리바시는 국토의 3분의 2를 잃게 돼요. 지금 당장 국토가 사라지는 나라도 있죠. 태평양 폴리네시아에 있는 투발루는 50년 후 나라 전체가 침수될 수 있다고 해요. 한국 역시 지구온난화를 막지 못한다면 2050년까지 부산, 인천 등 해안 도시가 바닷물 속으로 사라질 거라고 하고요.

침수로 삶의 터전을 잃거나 식량과 물 부족 현상으로 생명의 위협을 느낀 사람들은 살기 위해 다른 지역으로 옮겨 갈 수밖에 없어요. 이들을 '기후난민'이라고 해요. 2022년 기준 기후난민은 전쟁난민보다 많다고 하죠. 유엔은 2050년에는 최대 10억 명이 기후난민이 될 것이라고 예측하기도 했어요.

ISO

국제표준화기구

한국의 세계 표준특허 점유율 1위

지은

대박! 우리나라가 세계에서 표준특허를 제일 많이 가지고 있대.
이 기사 봐봐. (기사 링크)

> 2017년엔 5.6%로 5위였네. 2020년엔 미국, 중국 다음이었고.
> 오, 2021년에는 세계 1위에 오르기도 했다.

지은

그런데 여기 '3대 국제 표준화 기구가 선정한 표준특허'라고
써 있는데, 국제표준화기구 말고 다른 데가 또 있는 건가?

> 기사에 써 있네. 국제표준화기구, 국제전기기술위원회,
> 국제전기통신연합 이렇게 세 곳인가 봐.

지은

그러네. 난 국제표준화기구만 있는 줄!

 iMessage

세상의 표준은
우리가 만들어

2022년 9월, 현대모비스 조성환 대표가 국제표준화기구(ISO, International Organization for Standardization)의 회장으로 뽑혔어요. 한국인으로서는 처음이었죠. 그런데 국제표준화기구는 어떤 곳일까요? 한국인이 수장을 맡은 것에는 어떤 의미가 있을까요?

국제표준화기구 수장으로 한국인 최초 당선 ▶

국제표준화기구는 다양한 산업 분야에서 국제적으로 통일된 표준을 만드는 국제기구예요. 본부는 스위스 제네바에 있고, 165개 나라가 회원으로 참여하고 있어요.

주된 활동으로는 먼저, 표준 개발이 있어요. '표준 개발'은 나라마다 다른 공업 규격의 표준을 만드는 거예요. 또 표준을 조정하고 통합하는 일을 하는데요. 국가별로 존재하는 표준을 모아 하나의 국제적인 표준으로 정리하는 거예요. 그리고 국제표준의 인증 절차를 제공하기도 해요. 다시 말해 국제표준화기구는 세계적으로 인정받는 기술과 관리 표준을 만들고 인증하는 기구이자 물자와 서비스의 국제간 교류가 원만하게 이루어지도록 돕는 곳이에요.

이러한 기구의 대표 자리에 한국인이 뽑혔다는 데에는 한국이 기술적으로 발전된 나라로 인정받았다는 의미가 있어요. 덧붙여 디지털 전환, 기후변화 대응 등 국제 표준화와 관련된 핵심 정책들에 우리나라가 주도적으로 참여할 기반을 만든 것이기도 해요.

국제표준은
언제 생겼을까?

국제표준화기구는 1947년에 설립되었어요. 그렇다면 이전에는 국제표준이 없었던 걸까요? 그렇지 않아요. 표준 개발은 고대부터 존재해 왔어요. 이를테면 역사적으로 중요한 건축물은 그 시대의 건축 표준을 반영했고, 국가나 도시 간의 무역에서도 상품의 규격과 계량 단위 등의 표준화가 이루어졌죠.

하지만 표준화를 조직적으로 추진하기 시작한 건 산업혁명 이후였어요. 산업혁명으로 유럽의 여러 나라는 급격한 사회·경제적 변화를 이루었죠. 다양한 산업이 발전하고, 대규모 생산이 가능해지자 국제표준이 필요해졌어요. 이에 1865년 전신 분야를 개선하기 위해 처음 국제전기통신연합(ITU)이 설립되었어요.

이후 전화기가 발명되고 무선전신기가 개발되는 등 기술 발전을 이루면서 1932년 현재의 이름으로 바뀌었어요. 이때부터 전기 통신 분야의 표준 개발까지 담당하게 되었어요. 국제전기통신연합은 유엔의 정

어디서든 무선으로 인터넷을 사용할 수 있게 하는 와이파이

보통신기술 전문 기관으로 지금까지도 왕성한 활동을 펼치고 있어요. 현재 193개 회원국과 약 900개의 기업, 대학, 국제 및 지역 조직이 포함되어 있어요.

그런데 국제표준은 왜 필요할까요? 장점이 많기 때문이에요. 살펴보면 다음과 같아요.

1. 다양한 산업에서 서로 다른 시스템끼리 효과적으로 공유하거나 교환할 수 있고, 기술 협력을 더욱 효율적으로 할 수 있다.
2. 생산성을 높이고, 제품 개발과 생산 과정에서 발생하는 비용을 줄일 수 있다.
3. 표준특허는 표준 사용과 관련된 분쟁에서 법적인 토대로 활용할 수 있다.

4. 국제 무역의 장벽을 낮출 수 있다.

국제 표준화는 우리 일상에도 편리함을 제공해요. 한 예로, 와이파이(WiFi)가 있어요. 와이파이는 무선 인터넷 연결을 위한 시스템으로 표준 기술이 사용되었어요. 와이파이 표준이 등장하면서 사람들은 스마트폰, 노트북, 태블릿 등 다양한 무선 장치에서 인터넷을 사용할 수 있게 되었죠.

표준특허를 받으면 뭐가 좋을까?

'표준특허'는 표준 기술을 구현하는 데 필요한 특허로, 국제 공식 표준으로 정해진 것을 뜻해요. '표준 기술'은 특정 산업이나 분야에서 사용되는 공통된 기술이나 절차에 대한 규격이에요. 무인기(드론) 통신 네트워크를 예로 들어 볼게요. 국내 연구진은 드론 통신 네트워크 표준을 정한 바 있어요. 이 기술은 제조사가 드론에 공통된 통신 규격을 사용하게 해서 정보 교환을 원활하게 하고, 드론끼리 충돌하는 일을 예방해요.

국제표준으로 채택된 표준 기술은 해당 분야에서 인정받을 뿐 아니라 시장을 앞서 차지해 경쟁 우위에 설 수 있어요. 또한 해당 기술을 활용하

통신 네트워크 표준에 따라 만들어지는 드론

는 다른 기업에게서 사용료를 받을 수도 있어요. 표준특허를 보유한 기업이나 연구자는 표준 개발 프로세스에서 영향력을 행사할 수도 있죠. 이러한 이유로 국가나 기업은 표준특허를 내기 위해 노력하는 거예요.

국제표준화기구는 표준특허를 자체적으로 채택하지 않아요. 그런데도 표준특허와 국제표준화기구는 깊은 관련이 있어요. 표준특허는 국제표준화기구에서 정한 표준 기술을 포함한 특허이기 때문이에요. 국제표준화기구는 표준 개발과 관련된 기술적인 지침과 절차뿐 아니라 표준화를 위한 국제적인 플랫폼을 제공해요. 다시 말해 국제표준화기구는 표준특허를 직접 뽑지는 않지만, 표준 개발과 관리 등에서 중요한 역할을 맡고 있어요.

표준 개발을
하고 싶다면

국제표준화기구는 누구나 표준 개발에 참여할 수 있다고 말해요. 물론 그 과정이 쉽지는 않아요.

국제표준화기구,
'ISO 표준은 표준을 사용하는 사람이 만든다' ▶

표준 개발 프로세스는 일정한 절차와 기술적 지침이 있어요. 그 절차를 살펴보면 다음과 같아요.

1. A는 특정 분야에 새로운 표준이 필요하다고 생각한다. 이때 A는 개인, 팀, 기업, 국가일 수 있다.

2. A는 개발하고자 하는 표준이 시장의 요구에 부응하는지 살펴본다.

3. A는 표준의 필요성을 확신하고, 분야를 정한 다음 표준을 개발할 조직을 구성한다. 이 조직은 소비자 협회, 학계, NGO 및 정부의 전문가 등으로 구성할 수 있다.

4. A와 조직은 표준 개발의 초안을 작성한다. 실천 방법, 요구사항 등이 들어간 초안을 공개하면, 이해 관계자들의 의견을 들은 후 수정 또는 보완하는 단계를 거친다.

5. A는 개발된 표준 초안을 국제표준화기구에 제출한다.

6. 국제표준화기구 기술위원회에서 표준 개발 과정과 적절성을 검토하고, 필요한 수정과 협의를 진행한다.

　간단히 살펴보았는데요. 이러한 국제표준화기구의 표준 개발 과정은 보통 약 3년에 걸쳐 이루어지고 있어요.

잠깐 상식

특허와 표준특허의 차이

평소 향초에 관심이 많은 학생이 있다고 해 봐요. 이 학생은 어느 날 자신만의 비법으로 심지가 없는 향초를 만들고, 그 향초로 특허를 냈어요. 심지 없는 향초의 특허권을 가지게 된 거죠. 여기서 '특허'는 국가가 인정한 독점권이자 지식재산권이에요.

특허를 받을 수 있는 대상은 크게 2가지예요. 하나는 물건이고, 다른 하나는 어떤 물건을 만드는 방법이에요. 특허를 받은 개인이나 기업은 일정 기간 발명품을 독점할 수 있어요. 다른 개인이나 기업은 특허받은 상품을 함부로 사용할 수 없어요. 특허 상품을 쓰려면 그에 합당한 대가를 지불해야 해요.

'표준특허'도 지식재산권의 한 형태로, 상품이나 기술을 보호하기 위해 만들어졌어요. 특허와 마찬가지로 특정 특허에 대한 사용료를 받을 수 있지만 목적이 달라요. 표준특허는 특정 산업이나 분야에서 제품, 기술을 통일된 사양으로 만들어 호환성과 일관성을 유지하는 것을 목표로 해요.

표준특허에는 크게 3가지 장점이 있어요. 첫째, 기술 협력의 효율성을 높일 수 있어요. 둘째, 불필요한 중복 개발을 방지할 수 있어요. 셋째, 국제 무역에서의 공정성을 강화하는 데 큰 도움을 줘요.

3편

사회 & 문화

UNESCO

유엔 교육과학문화기구

일본의 역사 왜곡에 유감

지은

군함도라고 들어 봤어?

> 〈군함도〉 영화를 봐서 알아. 태평양전쟁 이후 조선인들이
> 강제로 끌려가 노예처럼 일한 곳이잖아. '지옥 섬'이라고
> 불릴 정도로 혹독한 곳이었다던데. 그런데 왜?

지은

유네스코가 일본의 군함도 역사 왜곡에
강한 유감을 표했다는 기사를 봤어.

> 유네스코는 정치적 사안은 언급하지
> 않기로 유명하던데. 웬일이래?

지은

일본이 군함도를 세계유산으로 신청했을 때, 조선인 강제 노역의
역사도 밝히기로 했거든. 그런데 그 약속을 안 지킨 거야.

> 유네스코가 작정하고 한소리 할 만했네! 대체 일본은 왜 그
> 럴까? 그건 그렇고, 세계유산 신청을 유네스코에 하는 거야?

지은

맞아. 유네스코가 세계적으로 중요한 문화유산을 보호하거든.

> 그러고 보니 우리나라 유적이 유네스코
> 세계유산이 되었다는 뉴스를 몇 번 본 거 같아.

지은

실제로 우리나라 문화유산이 꽤 많이 등재되어 있어.

+ ⃝ iMessage 🎤

유네스코에 등재된
우리 문화유산

　유네스코에 등재된 우리나라 문화유산은 15개예요. 불국사, 해인사 장경판전, 창덕궁, 조선왕릉, 남한산성 등이 있어요. 하지만 이는 문화 유적으로 등재된 것에 한해서예요. 유네스코는 세계유산을 크게 5가지로 분류해요. 문화유적유산, 무형문화유산, 세계기록유산, 생물권보전지역, 세계지질공원이에요.

가야 고분군, 유네스코 세계문화유산 등재 유력 ▶

유네스코 세계유산으로 등재된 경주의 불국사

무형문화유산으로는 우리나라의 판소리, 강강술래, 처용무, 탈춤, 제주 해녀 문화, 줄다리기 등이 등록되어 있어요. 세계기록유산으로는 《동의보감》,《조선왕조의궤》,《승정원일기》,《새마을운동 기록물》등이 올라가 있고, 생물권보전지역으로는 완도, 제주도, 설악산 등이 등재되어 있어요. 세계지질공원에는 한탄강, 청송 등이 등록되어 있고요.

그런데 유네스코 세계유산은 언제부터 지정하기 시작했을까요? 유네스코는 1972년 유네스코 세계유산 협약을 체결했어요. 각 나라의 문화유산을 인류의 자산으로 여겼기 때문이에요. 인류의 자산을 보호하려면 국제적인 지침과 협력이 필요해요. 유네스코 세계유산 협약은 그 틀을 제시하고, 이를 바탕으로 세계유산을 가려내요.

유네스코 세계유산이 되는 과정은 매우 까다롭고 엄격해요. 문화·학술·기술 등 다양한 관점에서 합격점을 받아야 하죠. 이처럼 복잡하고 엄격한 과정을 거치면서까지 우리 문화유산을 유네스코 세계유산에 올리려는 이유는 무엇일까요? 유네스코 세계유산이 되면 문화유산의 복원 작업에 들어가는 비용과 보존을 위해 필요한 기술 등을 지원받을 수 있기 때문이에요. 또한 관광객이 몰려들면서 지역 경제 발전에도 큰 도움이 되죠. 무엇보다 한 나라의 문화유산으로서 가치를 넘어 인류의 공통 유산이 된다는 의미가 있어요.

세계유산 관리만
하는 게 아니야

국제기구를 잘 모르는 사람이라도 '유네스코'라는 이름은 자주 들어 봤을 거예요. 여행을 좋아하는 사람이라면 특히 더 그렇겠죠. 인도의 타지마할, 이집트의 피라미드, 중국의 만리장성 등 세계적으로 유명한 관광지 중 유네스코 세계유산으로 지정된 곳이 많기 때문이에요. 그래서 유네스코 하면 자연스럽게 '유네스코 세계유산'부터 떠오르기도 하죠. 하지만 유네스코 세계유산은 유네스코의 한 부분일 뿐이에요.

유네스코는 1945년 유엔이 처음 생겼을 때 함께 설립된 유엔 전문

이집트의 피라미드

기구예요. 교육, 과학, 문화, 정보 소통 분야에서 국제 협력을 이끌어 내기 위해 만들어졌어요.

교육 분야에서는 모든 사람이 평등하고 질 높은 교육의 기회를 얻는 것을 목표로 해요. 이를 위해 평생 학습 기회를 높일 교육 시스템을 만들고 지원하고 있어요. 과학 분야에서는 국가·지역·세계적으로 과학 기술을 혁신하는 시스템과 정책을 강화하며, 지속 가능한 과학 발전을 위해 국제 협력을 불러일으키고 있죠.

문화 분야에서는 문화 다양성과 창의성을 늘려 가고자 힘쓰고 있어요. 또한 유산이 잘 보존되고 후대에 이어지는 것을 목표로 두며, 무형 문화유산의 지정과 보존 관리 등에 노력을 기울이고 있어요. 마지막으로 정보 소통 분야에서는 온·오프라인에서 표현의 자유와 언론인의 안전, 미디어 다양성과 참여 등을 증진하는 활동 등을 하고 있어요.

인공지능에게도 윤리가 필요해

급격한 디지털 기술의 발달로 일상에서도 인공지능을 사용할 수 있게 되었어요. 심지어 챗GPT 같은 대화형 인공지능에게 질문을 하고 답을 얻을 수도 있죠. 챗GPT를 활용하면 정보를 찾거나 지식을 얻고, 소설을 쓰거나 그림을 그릴 수도 있어요. 그런데 인공지능이 제공하는 결과물은 당연하게도 순수 창작물이 아니에요. 온라인에 이미 존재하는 데이터를 재구성한 것이죠. 또한 이러한 인공지능을 사용하는 데에는 개인정보 유출, 편향되거나 차별적인 정보를 제공받는 것과 같은 여러 위험이 있어요.

유네스코, 세계 최초 'AI 윤리적 사용 지침' 마련 ▶

하지만 이에 대한 규제가 명확하지 않아요. 인공지능에 대한 윤리적 지침이 필요하다는 목소리가 나오는 이유죠. 유네스코는 이러한 사회 분위기에 발맞춰 '유네스코 인공지능 윤리 권고'와 '유네스코 오픈 사이언스 권고'를 채택하기로 했어요.

'권고'는 국제법인 '협약'에 비해 구속력이 그리 강하지 않아요. 하지만 유네스코 윤리 권고는 인공지능 윤리에 대한 최초의 국제표준이라는 데 그 의미가 있어요.

전쟁으로부터
인류 유산을 지키자

2022년 초 러시아의 우크라이나 침공으로 시작된 전쟁은 2년이 지난 지금까지도 이어지고 있어요. 전쟁으로 수많은 사람이 죽었고, 그

보다 많은 사람이 난민이 되었어요. 그리고 우크라이나의 문화유산도
큰 위험에 처하게 되었죠.

우크라이나 문화유산 보호에 나선 유네스코 ▷

유네스코는 우크라이나 문화유산을 보호하기 위해 나섰어요. 그 활
동 중 하나로 우크라이나 대표 문화유산에 '국제 푸른방패' 표식을 달
았어요. '국제 푸른방패'는 1954년 '무력 충돌 시 문화재 보호를 위한
협약'에 따라 만들어진 표식이에요. 이 표식이 붙은 지역은 국제법의
보호를 받아요.

문화유산을 보호하기 위한 국제 푸른방패 표식

전쟁으로 문화유산이 파괴되는 것도 문제지만, 혼란한 틈을 타 문화유산이 불법으로 유출되는 것도 문제예요. 도대체 누가 문화재를 도둑질하는 것일까요? 문화재를 이용해 이익을 얻고자 하는 사람들, 문화재를 개인이 수집해 소장 욕구를 채우려는 사람들이에요.

지난 역사에서도 이런 일이 잦았던 탓에 유네스코는 1970년에 '문화재 불법거래 방지 협약'을 만들었어요. 이 협약의 핵심은 문화재를 불법으로 수출, 수입, 이전, 소지, 전시, 판매 등을 하는 것을 막고, 국제 협력을 강화하는 거예요. 유네스코는 이 협약에 따라 관련 기관이나 업계에 협조를 구하고 있어요. 그런 한편 유네스코에 등재되어 있지 않은 우크라이나의 문화유산 중 긴급 보호가 필요한 경우, 빠른 심사를 통해 유네스코 세계유산으로 선정하기도 했어요.

우크라이나 항구도시 오데사의 역사 지구, 세계유산으로 등재 ▷

우크라이나의 문화재를 지키는 건 인류 역사와 전통을 지키는 일이기도 해요. 인종, 국적, 문화가 다르더라도 모든 인류는 이 지구에서 태어난 공동체이기 때문이에요.

유네스코는 2004년부터 세계지질공원 프로그램을 운영하고 있어요. 지질학적으로 우수하고 자연유산으로서 가치를 지닌 지역이 그 대상이에요. 세계지질공원으로 등재되면 유네스코 세계유산처럼 국제적인 협력과 관리를 받을 수 있어요. 여기에는 우리나라의 화산섬과 용암동굴, 거창 감악산과 평창 오대산이 세계지질공원으로 등재되어 있어요. 그리고 단양이 세계지질공원으로 인정받고자 기다리고 있죠.

충청북도 단양군은 2020년 국내 13번째 국가지질공원으로 지정되었어요. 세계적 수준의 카르스트 지형과 같은 지질 유산뿐 아니라 도담삼봉, 고수동굴 등의 명소가 있기 때문이에요. 단양군은 여기에 그치지 않고 2022년 유네스코에 세계지질공원 신청서를 냈고, 세계지질공원 후보지가 되었어요. 등재 여부는 2025년 유네스코 이사회에서 결정된다고 해요.

UNICEF

유엔 아동기금

BTS 모금으로 43억 원 기부 달성

지은

BTS가 유니세프 캠페인에
4년 동안 43억을 모금했대.

> 역시 우리 오빠들! 사실 나도 기부 모금에
> 동참했어. 겨우 3만 원이었지만.

지은

기부한 게 어디야. 사실 난 '유엔 아동기금'이라는 말은 처음
들어 봐. 오늘 기사를 보고서야 유엔 아동기금이 '유니세프'란
걸 알았어.

> 사실 나도 BTS 캠페인에 기부하면서 알았어.
> 역시 우리 오빠들 영향력 짱!

 iMessage 🎤

전쟁 폐허에서
아이들을 구하라

유엔 아동기금(UNICEF, United Nations Children's Fund)은 1946년에 생겼어요. 왜 그때였을까요? 1946년은 2차 세계대전이 끝난 다음 해예요. 2차 세계대전은 현대에 일어난 전쟁 중에서 가장 규모가 크고 치명적인 전쟁으로 기록되고 있어요. 당시 수많은 아동이 목숨을 잃거나 다쳤고, 부모와 집을 잃었어요. 그리고 이들 대부분은 국가나 사회의 보호를 받지 못했죠.

전쟁이 끝난 후에도 상황은 나아지지 않았어요. 각 나라는 파괴된 기반시설을 다시 짓거나 무너진 경제를 살리는 데 급급했거든요. 어린이의 기본 권리나 보건위생, 교육 등에 관심을 기울일 여력이 없었어요. 전쟁으로 부모를 잃은 아이들의 삶은 힘들기만 했죠.

이러한 문제 상황 속에서 유엔총회는 유엔 국제아동 긴급구호기금(United Nations International Children's Emergency Fund)을 설립해요. 유니세프(UNICEF)는 유엔 국제아동 긴급구호기금의 머리글자를 딴 약자예요. 전쟁 피해 아동들을 대상으로 긴급구호를 펼치는 것이 목적이었죠.

이후 유럽의 나라들이 점차 제자리를 찾아가면서 전쟁 피해 아동에 대한 구호 활동도 줄어들었어요. 그러자 유니세프는 빈곤으로 굶주리는 아동, 힘든 노동에 시달리는 아동, 정치적 상황으로 억압받는 아동

고된 노동 현장에서 일하는 아동

등 전쟁이 아니어도 고통받는 아이들에게 눈을 돌리고, 이들의 복지 향상으로 활동 범위를 넓혔어요. 1953년에는 명칭을 지금의 '유엔 아동기금'으로 바꾸었죠. 다만, 유니세프(UNICEF)라는 약자는 계속 사용하고 있으며 설립 정신인 '차별 없는 구호의 정신'도 지금까지 이어지고 있어요.

유니세프, '차별 없는 구호의 정신'으로 아이들을 구하다 ▷

차별 없는 구호의 정신은 전 세계 모든 어린이가 행복한 어린 시절을 보내도록 하는 것에 가치를 두고 있어요. 이를 바탕으로 유니세프는 창립 이후 국적, 인종, 성별, 종교에 상관없이 열악한 지역에서 고통 받는 아이들이 있는 곳이라면 구호의 손길을 내밀어 왔어요.

위기에 처한
아이들을 위한 움직임

유니세프는 190여 개 나라에서 활동하고 있으며, 156개 개발도상국에 대표 사무소를 두고 있어요. 거의 모든 나라에서 활동하는 만큼 직원 수만 1만 5,000명이 넘어요. 그중 약 85%는 개발도상국에서 일하고 있죠. 유니세프는 대표 사무소를 통해 각국의 정부, 인도주의적 단체와 협력 관계를 맺고 있어요. 지원이나 긴급구호가 필요한 현장에 빠르게 접근할 수 있는 이유이기도 해요.

유니세프, 어린이 4명 중 1명 분쟁 · 재해로 고통 ▶

유니세프 사업은 크게 4가지로 분류할 수 있어요. 첫째, 전쟁, 자연재해, 질병 등으로 고통받는 아이들을 차별 없이 돕고 보호해요. 차별 없는 구호 활동에는 생존과 관련된 일뿐 아니라, 평등한 교육과 공평한 기회 등도 포함해요. 둘째, 각 국가가 유엔 아동권리 협약을 이행하도록 하고, 아이들이 안전하고 지속 가능한 환경 속에서 자랄 수 있는 환경을 만들어요. 셋째, 어린이들의 현실을 조사하고 연구하며, 성과 장애를 이유로 아이들이 차별받지 않도록 해요. 넷째, 긴급구호를 펼쳐요.

유니세프는 주기적으로 목표를 정하고, 그 목표에 따라 지원 계획을 짜고 있어요. 하지만 세계에는 많은 변수가 생겨나요. 한 예로, 인류를 위협한 코로나19가 있어요. 코로나19 팬데믹으로 수많은 나라가 봉쇄되고, 세계 경제가 휘청거리자 전 세계 아동 약 700만 명이 영양실조에 처하는 상황이 발생했어요. 약 1억 명 이상의 아이가 삶에 꼭 필요한 서비스를 받지 못했고요.

이에 유니세프는 긴급지원금을 만들어 긴급구호를 펼쳤어요. 이후로도 매년 100여 개 나라에 약 20억 회분의 백신을 전달하고 있어요. 하지만 이러한 노력에도 불구하고 수많은 아이가 여전히 여러 위험 속에 놓여 있어요.

코로나19로 유니세프 75년 역사상
최악의 위기를 어린이가 겪고 있다 ▶

코로나19 대유행에 따른 다양한 이유로 빈곤에 시달리는 아동이 약 1억 명 증가했어요. 하지만 영양, 백신, 의약품 등의 필수 서비스를 지원받는 아이의 수는 오히려 점점 줄어들었죠. 더불어 시리아, 아프가니스탄, 미얀마, 우크라이나 등의 분쟁 지역에 사는 아이들도 4억 명이 넘고요. 2차 세계대전이 끝난 지 오래지만, 세계 곳곳에서 일어나는 분쟁은 여전히 아동의 생존권과 인권을 위협하고 있어요.

아동 인권을 위한
아동친화도시 사업

2022년 12월, 유니세프 아동친화도시 추진 지방 정부협의회는 충남 예산군에서 유니세프 '아동친화도시 어워즈'를 열었어요. 이날 약 100여 개의 지자체가 모였는데, 최우수상의 영광은 완주군에 돌아갔어요.

완주군, 유니세프 아동친화도시 어워즈에서
전국 1위 최우수상 수상 ▶

'아동친화도시'는 아동의 권리를 보호하고, 아동이 행복하게 살 수 있는 도시를 말해요. 각국의 지방 정부는 유니세프와 협력해 아동친화도시 사업을 펼치고 있어요.

아동친화도시는 2002년 유니세프 프랑스 위원회에서 처음 생겼어요. 당시 프랑스 위원회는 전국 3만 6,000여 개 지방 자치 단체장들로 구성된 프랑스 시장 연합회와 협력을 맺고 아동친화도시 사업을 시작했어요. 이후 동아시아, 아프리카, 남아메리카 등 전 세계적으로 퍼져 나가고 있어요. 전 세계 인구의 반 이상이 도시에 살고 있으며, 아동 인권에 대한 의식이 과거보다 훨씬 높아졌기에 가능한 일이었죠.

한국 최초의 아동친화도시는 서울특별시 성북구로 2013년에 인증받았어요. 이후로 지금까지 많은 지방 자치 단체가 유니세프 아동친화도시를 조성했고, 그중 상당수가 유니세프 아동친화도시가 되었어요.

한국과의 깊은 인연

반기문 전 유엔 총장은 한 인터뷰에서 유니세프에 대해 이렇게 밝혔어요.

"한국전쟁 중 유엔의 지원을 받으면서 그 존재를 처음 알았다. 전쟁으로 폐허가 된 당시 학교에 빈 자루를 가져가 유니세프가 마련해 준 분유를 집에 가져가곤 했으며, 유네스코와 유엔 한국재건단이 인쇄해 준 교과서로 공부했다."

6.25전쟁으로 약 60만 명이 죽거나 실종되었고, 수많은 아동이 혼자 남겨졌어요. 한국 정부는 이들을 보살필 여력이 없었어요. 대신 유니세프가 부모를 잃은 아이들을 비롯해 굶주림에 시달리는 아이들을 도왔어요. 의료, 분유, 비타민 등의 물품을 대량 지원했죠. 특히 유니세프가 지원한 분유는 어린이 1,000만 명이 1년 동안 매일 한 잔씩 마실 수

있는 양이었어요. 이러한 구호 활동은 1993년까지 이어졌어요.

전쟁 복구가 끝난 이후에도 유니세프는 설비, 학교 교육 개선 등 여러 방면에서 지원을 아끼지 않았어요. 유니세프 설립 이후 한 나라에 대한 지원으로는 최대였다는 평가를 받고 있어요.

한국이 유니세프에 원조받는 나라에서 원조하는 나라가 된 건 1994년부터예요. 일제강점기의 수탈을 겪고, 6.25전쟁으로 폐허가 되다시피 한 한국은 '한강의 기적'이라고 불리는 경제 성장을 이루어 냈죠. 이에 유니세프도 한국에 대한 지원을 줄이고 1993년에는 유니세프 한국사무소가 공식적으로 철수해요. 그리고 그다음 해인 1994년, 유니세프 한국위원회가 출범했어요.

오늘날 한국은 유니세프 국가위원회 중 하나예요. 유니세프 국가위원회는 33개국으로 유니세프 본부의 승인을 받아 세워져요. 유니세프 한국위원회는 기부금 100원 중 85원을 유니세프 본부로 보내는데, 이는 33개국 중 송금률이 가장 높다고 해요. 나머지 15원 중 3원은 인건비, 12원은 아동권리 옹호와 광고 등 국내 사업비와 운영비로 쓰이고 있어요.

아동권리 선언에서 아동권리 협약으로

1922년 영국의 국제아동기금 단체연합은 '세계아동헌장'을 발표했어요. 세계아동헌장에는 아동의 신체·심리·정신적 행복을 위해 아동에게 필요한 요소들이 담겨 있어요. 시간이 흘러 1959년, 유니세프는 10개 조로 구성된 '유엔 아동권리 선언'을 해요. 이 선언은 세계아동헌장을 바탕으로 만들어졌어요.

유엔 아동권리 선언에서 아동은 '신체와 정신이 미숙하기에 출생 전후부터 법적으로 보호받아야 하며 잘 보살펴야 할 필요가 있는 존재'로 인식되었어요. 그런데 한 발짝 더 나아가 '아동은 부모의 소유물이 아니라 권리가 있는 인간 주체'임을 선언한 협약이 있어요. 1989년 유엔에서 만장일치로 채택된 유엔 아동권리 협약이에요. '유엔 아동권리 협약'은 역사상 가장 많은 국가가 동의한 인권 조약으로, 우리나라를 포함해 196개국에서 지키기로 한 약속이에요. 주요 내용은 다음과 같아요.

첫째, '생존과 발달의 권리'로, 모든 아동은 생존과 발달을 위해 보호와 지원을 받아야 해요. 둘째, '아동 이익 최우선의 원칙'에 따라 아동에게 영향을 미치는 사안을 결정할 때는 아동의 이익을 가장 먼저 고려해야 해요. 셋째는 '아동 의견 존중의 원칙'이에요. 모든 아동은 본인에게 영향을 미치는 일에 대해 자신의 생각을 표현하고 존중받을 관리가 있어요. 마지막으로 넷째는 '비차별의 원칙'으로, 모든 아동은 동등한 권리를 누려야 하며, 모든 차별로부터 보호받아야 해요.

IOC

국제올림픽위원회

금메달 선수 "사실은 도핑 양성" 폭탄 발언

지은

김연아 선수 알지?

> 당연히 알지. 우리나라 피겨스케이팅 선수잖아.

지은

2014년 소치 동계올림픽에서 김연아 선수가 은메달을 받았어.
금메달은 러시아 선수인 소트니코바가 받았고.

> 그런데?

지은

소트니코바가 유명한 유튜브 채널에 출연해서 충격 고백을 했는데,
사실은 도핑 양성이었다는 거야. 여기 기사 봐봐. (기사 링크)

> 와 진짜네? 대한체육회가 IOC에 도핑 사건을
> 다시 조사해 달라고 요청했네.

지은

IOC가 우리 요청을 들어줄까?

> 글쎄. IOC에 이번 의혹에 대해 물으니 '당시 도핑 사례가 없어
> 언급할 수 없다'는 답장이 왔대.

지은

어휴, 그냥 넘어갈 생각인가 보네.

 iMessage

145

올림픽을 유치하면
뭐가 좋을까?

서울시는 2036년 하계 올림픽이 서울에서 열리도록 준비하겠다는 계획을 밝혔어요. 그런데 2036년 올림픽 개최지가 되기 위해 나선 나라는 우리뿐만이 아니에요. 독일, 영국, 러시아, 중국 등 우리나라를 포함해 10개국이나 되죠.

2036년 서울 올림픽 유치 추진, 사상 최고 경쟁률 ▷

올림픽은 4년마다 열리고, 하계 올림픽과 동계 올림픽으로 나뉘어 열려요. 한국에서 치른 올림픽은 지금까지 2번이에요. 1988년 서울 하계 올림픽과 2018년 평창 동계 올림픽이었죠. 그러니까 한국은 하계와 동계를 한 번씩은 개최한 나라예요.

우리나라가 서울에 또다시 올림픽을 유치하려는 이유는 무엇일까요? 올림픽이 경제·문화·외교적으로 가장 영향력 있는 국제 행사이기 때문이에요. 올림픽이 열리는 도시는 자연스럽게 홍보가 되고, 경제적 이익도 얻을 수 있어요.

1988년 서울 올림픽을 예로 들어 볼게요. 서울 올림픽은 한국 경제 성장에 주요한 역할을 했다고 평가받아요. 올림픽 개최를 위해 대규모 인프라를 구축하고 도시 개발을 진행했는데, 이 과정에서 관련한 산업이 발전하고 일자리가 생겨났어요. 무엇보다 우리나라를 세계에 알리고, 국제사회에서 한국의 이미지를 한 단계 높이 끌어올릴 수 있었죠. 이는 국제 협력과 교류를 강화하는 데 중요한 발판이 되었어요.

물론 올림픽을 개최한 도시가 모두 성공적인 결과를 얻은 건 아니에요. 2021년 도쿄 올림픽에서 일본은 40조가 넘는 적자를 냈어요. 원래는 2020년에 올림픽이 열려야 했지만, 코로나19로 대회가 한 해 미루어졌어요. 이 때문에 올림픽 관련 사업에도 차질이 생겼죠.

올림픽 준비 과정에서 인권 침해 문제를 일으켜 논란이 된 나라도 있어요. 중국은 2008년 베이징 올림픽을 준비하는 과정에서 소수민족을 탄압했어요. 프랑스는 2024년 파리 올림픽을 준비하며 파리의 노숙자들을 지방으로 강제 이주하는 방안을 추진해 비난받기도 했죠.

하지만 올림픽은 지역 경제 활성화, 인프라와 시설 개발, 국제적 협력 강화, 관광지로서의 이미지 개선 등 여러 이점이 있기에 수많은 나라는 자국의 도시에서 올림픽이 열리도록 힘쓰는 거예요.

고대 올림피아 제전을 계승하다

제1회 올림픽은 어디에서 개최되었을까요? 바로 그리스 아테네예요. 1896년에 열린 아테네 올림픽에는 6개 나라가 참가해 총 14개 종

고대 그리스 올림피아의 모습

목의 경기를 펼쳤어요. 하지만 최초의 올림픽은 아니었어요. 맨 처음 올림픽은 기원전 776년 고대 그리스의 올림피아에서 열렸어요. 제우스신을 기리기 위해서였죠. 이후 고대 그리스는 4년마다 올림픽 대회를 열었고, 경기에서 이긴 사람은 올리브 화환을 상으로 받았어요. 고대 그리스의 올림픽은 393년까지 이어졌어요. 그러니까 1,000년이 넘는 세월 동안 이루어진 거예요.

이처럼 역사가 오래된 올림픽이 중단된 건 로마 황제 테오도시우스 1세의 명령 때문이었어요. 테오도시우스 1세는 기독교를 로마 제국의 공식 종교로 정하면서 기독교가 아닌 종교나 관습을 막는 정책을 펼쳤어요. 당시 그리스는 로마 제국의 지배를 받았기에 로마 황제의 명령에 따라 올림픽을 멈출 수밖에 없던 거죠.

그로부터 약 1,500년이 지난 1894년이었어요. 프랑스 교육자 피에르 드 쿠베르탱 남작의 주도로 국제올림픽위원회(IOC, International Olympic Committee)가 만들어졌어요. 이때 결정된 주요한 사항은 2가지예요. 하나는 1896년에 개최하기로 한 첫 올림픽을 올림픽의 발상지인 아테네에서 한다는 것이고, 다른 하나는 향후 4년마다 다른 나라의 도시에서 돌아가며 대회를 연다는 것이었죠.

1896년 4월 6일 그리스 아테네에서 제1회 올림픽이 열렸어요. 당시 그리스는 정치·경제적으로 좋은 상황이 아니었음에도 올림픽 위원회와 그리스인들의 적극적인 노력으로 무사히 올림픽을 치렀어요. 다만, 여자 선수는 참가하지 못했기에 '반쪽 올림픽'이라는 평을 얻었죠. 이후 1900년 파리 올림픽에서는 골프, 테니스 종목에 여자 선수가 참가

1896년 그리스 아테네에서 열린 하계 올림픽 개막식

할 수 있었어요. 점차 여성 참가 종목이 늘어나 남녀가 모두 즐길 수 있는 지금의 국제 행사로 자리 잡았어요.

북한을 올림픽에 초청한 이유

파리 하계 올림픽을 1년 앞둔 2023년 7월이었어요. 여러 언론이 국제올림픽위원회가 북한에 보낸 초청장을 기사로 다루었어요.

IOC, 2024년 파리 올림픽에 북한 초청할 것 ▶

그런데 이 뉴스에는 함정이 있어요. 국제올림픽위원회는 올림픽 개최 약 1년 전에 각 나라의 올림픽 위원회나 관련 기관에 공식 초청장을 보내요. 초청장에는 개최 시간, 대회 정보, 참가 대표단 정보, 행사 일정 등이 포함되죠. 초청받은 국가는 IOC에 참가나 불참 통보를 해요. IOC는 이러한 통보를 통해 올림픽에 참가할 국가를 정확하게 파악하고 있어요. 그러니까 북한에 초청장을 보내는 것은 자연스러운 일이며, 특별히 뉴스로 다룰 만한 사항이 아니었어요.

올림픽의 사명은 평화롭게 경쟁하면서

전 세계가 하나가 되는 것 ▶

국제올림픽위원회의 목표는 스포츠를 통해 더 나은 세상을 만드는 것이에요. 실제로 올림픽은 연대와 친목의 장이기도 해요. 올림픽 시즌이 되면 세계 각국에서 수많은 선수와 관계자, 관객 들이 올림픽이 열리는 도시로 모여들고, 모두가 함께 어우러지는 시간을 보내죠. 그렇기에 IOC는 최대한 많은 나라가 올림픽에 참여하게끔 유도하고 있어요.

평등한 경쟁을 위해 지원하다

국제올림픽위원회 본부는 스위스 로잔에 있어요. 5개 대륙별로 각각의 올림픽 위원회가 있는데, 이 위원회들은 올림픽 활동을 조정하고 관리하는 역할을 맡고 있어요. 그리고 IOC는 승인된 회원국들에 국가올림픽위원회(NOC)를 두고 있어요. 국가올림픽위원회는 각 나라의 올림픽 활동을 조정하고 관리할 뿐 아니라, 그 나라의 스포츠 발전을 지원하거나 다른 국제 스포츠 대회에 내보내는 역할을 하기도 해요.

그런데 국가올림픽위원회는 나라마다 경제력에 따라 자금, 기술, 교육 등에서 차이가 날 수밖에 없어요. 지원을 잘 받은 선수와 그렇지 못한 선수의 경쟁은 평등한 경쟁으로 보기 어려워요. 이는 올림픽 정신에도 맞지 않아요. 이를 보완하고자 국제올림픽위원회는 연대의 뜻을 지닌 '솔리다리티 프로그램'을 1981년부터 운영해 왔어요.

IOC, '솔리다리티 프로그램' 난민 선수들 지원하기로 ▶

솔리다리티 프로그램은 각별한 도움이 필요한 국가나 선수, 코치 등을 지원하는 것을 목적으로 해요. 앞으로 올림픽에 출전할 자격을 얻을 만한 선수라면 누구든지 이 프로그램의 수혜자가 될 수 있어요.

한편, 국제올림픽위원회는 올림픽과 관련한 일만 하는 건 아니에요. 국제 스포츠 개발, 국제 스포츠 협력 강화, 스포츠 교육 등의 사업도 펼치고 있어요. IOC는 이러한 사업을 통해 세계 스포츠의 발전을 꾀하고 있어요.

장애인 올림픽, 패럴림픽

올림픽이 열린 도시에서는 올림픽이 끝난 며칠 후에 패럴림픽(Paralympics)을 개최해요. 패럴림픽은 'paraplegic'(하반신 마비의)과 'Olympic'(올림픽)의 합성어예요. 이름에서 알 수 있듯 처음에는 하반신 마비의 장애인을 대상으로 했지만, 이후 다른 장애가 있는 이들도 올림픽에 참가할 수 있게 되면서 '나란히'라는 의미를 지닌 그리스어 'para'로 그 의미를 바꾸었어요. 그러니까 패럴림픽은 비장애인 올림픽과 나란히 진행되는 장애인 올림픽이에요.

국제패럴림픽위원회(IPC)는 패럴림픽을 주관하는 국제 스포츠 행정 기구로, 1989년에 설립되었어요. 그런데 IPC가 있기 전에도 패럴림픽은 국제올림픽위원회의 승인과 협력으로 개최되었어요. 하계 패럴림픽의 첫 대회는 1960년 로마 이탈리아에서 열렸어요. 이후로 4년마다 꾸준히 이어졌어요. 동계 패럴림픽은 이보다 늦은 1979년에 스웨덴에서 열렸고요. 그런데도 별개의 기구인 IPC를 설립한 건, 패럴림픽의 규모가 커진 데다 전 세계에서 인기를 얻었기 때문이에요.

ILO

국제노동기구

노동절, 대규모 집회 열린다

지은

늦어서 미안! 광화문에서 집회가 있어서 길이 좀 막혔어.

집회? 무슨 집회?

지은

오늘 노동절이라 그런가, 노동자 집회가 있더라고.

노동절? 그런 날도 있었어?

지은

매년 5월 1일이 노동절이야. 우린 지금 학생이라 상관없지만,
나중에 우리도 노동자가 될 테니 너도 알아 둬.

에이, 난 교사가 될 생각인데?

지은

뭐래? 교사도 노동자야.

노동자는 육체 노동하는 사람을 말하는 게 아니었어?

지은

노동자는 자신의 노동력을 제공한 대가로 임금을 받는
사람이야. 대학병원 의사라 해도 노동자라고~

iMessage

산업혁명과
도시 노동자의 현실

18세기 말 시작된 산업혁명은 유럽 사회에 큰 변화를 일으켰어요. 특히 기계화가 대량 생산을 가능하게 하면서 제조업이 성장했어요. 공업 중심지가 된 도시에는 자연스럽게 일자리가 많아졌어요. 일자리를 찾아 몰려든 사람들은 도시의 노동자로 살게 되었죠.

도시 노동자의 삶은 매우 힘들었어요. 노동환경이 매우 열악했기 때문이에요. 위험에 노출된 작업장은 안전장치가 없어서 노동자가 다치거나 죽는 일이 잦았어요. 제대로 된 보상을 받지도 못했고요. 또한 임

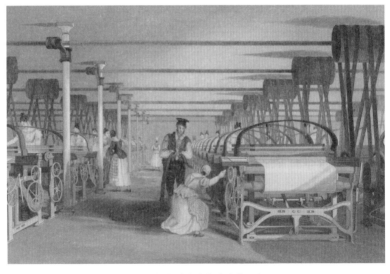

18세기 말 산업혁명 시기의 모습

금은 적은데 노동 시간은 길었죠. 온종일 일해도 가난에서 벗어나기 어려웠어요. 그런데도 노동자는 작업장의 안전과 노동에 대한 정당한 대가 등을 요구하지 못했어요. 왜 그랬을까요?

노동자 A가 "임금을 올려 주세요"라고 말하면, 자본가 B는 "그래? 임금이 마음에 안 들었구나. 그럼 그만둬. 너 말고도 일할 사람은 많으니까"라고 받아쳤어요. B의 말대로 아무리 싼 임금이라도 일하려는 사람이 많았으니까요. 게다가 B는 노동자를 마음대로 해고할 수 있었어요. 노동자가 임금의 '임' 자를 꺼내는 순간 B는 이렇게 말했죠. "너, 집에 가."

다시 말해 산업혁명으로 사회와 경제 구조의 변화가 일어났고, 인류는 이제껏 경험하지 못한 물질적 풍요를 누렸지만, 도시 노동자의 삶의 질은 최악이었어요. 이는 곧 사회 불평등을 심화하는 요인이 되었어요.

노동자들은 이러한 환경을 그대로 받아들이기만 했을까요? 그렇지 않아요. 1825년 영국 런던에서는 재단 노동자들이 노동조합을 만들어 임금 인상과 노동 시간 단축을 요구하는 파업을 펼쳤어요. 이후에도 다양한 나라와 지역에서 노동운동이 이어졌어요.

대표적으로는 1909년 스페인 바르셀로나 총파업이 있어요. 당시 스페인 전국 노동자들은 전국노동총연맹(CNT)을 조직했는데, 프랑스 노동총연맹(CGT)의 조직 체계를 바탕으로 만들어졌어요. 하지만 거의 모든 노동자 파업이 그렇듯 바르셀로나 총파업 역시 군인들의 잔혹한 탄압을 받았죠.

노동절 집회 현장 ©Fibonacci Blue/ commons.wikimedia.org

노동자들 집회와 시위 빈번해져…
경찰, 노동자 집회 탄압 ▷

1910년은 노동운동이 왕성한 시기였어요. 독일을 비롯한 여러 유럽 나라에서 국가 권력과 자본에 맞서는 노동집회와 시위가 빈번하게 일 어났어요. 규모도 이전보다 커졌으며 시위 기간이 길어질 조짐도 보였 죠. 무엇보다 이 시기 노동운동은 노동조건을 개선해 달라는 요구에만 머물지 않고, 더 나은 방향의 사회적 변화를 촉구하는 쪽으로 이어졌 어요.

노동자에게
권리를

파업 투쟁은 1914년에 발걸음을 멈추게 되었어요. 그해 7월 1차 세계대전이 터졌기 때문이에요. 전쟁은 1918년에야 끝이 났어요. 거의 5년이나 이어진 전쟁으로 유럽 경제는 불안정해졌고, 노동환경은 더욱 열악해졌어요. 심지어 1918년 조류 인플루엔자가 유행하며 노동자의 안전은 더 큰 위험에 처하게 되었죠. 이에 각 나라의 노동조합, 사회운동가 들을 중심으로 노동자의 안전과 권리를 전 세계가 함께 보호해야 한다는 목소리가 커졌어요.

국제사회도 노동 관련 국제기구의 필요성을 느끼고 있었어요. 열악한 노동환경은 노동자의 삶의 질을 떨어뜨릴 뿐 아니라 국가 경제와 사회 안정에도 매우 나쁜 영향을 미치기 때문이에요. 이러한 분위기가 만연한 가운데 1919년 4월 11일 프랑스 파리에서는 국제연맹을 처음으로 만들기 위한 평화회의가 열렸어요. 이때 노동문제를 전문으로 다루는 국제노동기구(ILO, International Labour Organization)의 설립이 결정되었어요.

파리 평화회의, 국제노동기구 설립 결정 ▷

국제노동기구는 바로 그해 1차 총회를 열어 주요한 노동문제를 다루었어요. 이를테면 적정한 노동 시간과 휴식 일정, 공정한 임금, 여성 노동자의 권리, 아동 노동 금지와 규제, 작업장의 안전과 보건 등에 관해서요. 하지만 전문기관으로 거듭난 것은 1946년 유엔과의 협정을 통해서예요. 이후로 국제노동기구는 공정한 노동 기준과 국제적인 표준을 세우는 등 노동 관련 문제를 앞장서 풀어 가는 역할을 하고 있어요.

한국의 노동권은 얼마나 지켜지고 있을까?

1969년은 국제노동기구 설립 50주년이 되는 해였어요. 그리고 그해 겨울 국제노동기구는 노벨 평화상을 받았어요.

국제노동기구, 노벨 평화상 받는 10번째 단체가 되다 ▶

노벨 평화상을 받기까지 국제노동기구는 여러 노력을 해왔어요. 지난 50년간 세계 각국의 노동조건을 개선하고, 개발도상국에 기술을 전달하는 등 세계 노동 발전에 도움을 주었어요. 이 뉴스는 우리나라에도 보도되었어요. 그런데 이때만 해도 한국은 국제노동기구 회원국이 아니었어요.

우리나라가 국제노동기구에 가입한 건 1991년이에요. 당시 한국은 경제 성장을 이루며 1인당 국민 소득이 6,340달러(약 878만 원)에 이르렀어요. 1980년부터 1991년까지 국민 소득은 8.8% 늘며 증가율로서 세계 1위를 차지했죠. 또한 왕성한 국제 교역으로 한국을 향한 세계의 관심도 높았어요. 사회·경제적 변화는 자연스럽게 노동운동의 활성화로 이어졌어요. 이는 국제 노동계의 시선을 끄는 일이기도 했어요. 한국과 달리 세계 노동운동은 전반적으로 제자리걸음에서 벗어나지 못하고 있었기 때문이에요.

한국 노동운동은 민주화를 요구하는 야권과 지식인들의 연대를 통해 발전해 왔어요. 1980년대 중반에는 민주화운동의 중심 세력이 되기도 했어요. 하지만 오늘날 세계 노동권 지수에서 한국은 5등급으로, 노동권이 보장되지 않은 나라에 속해요.

'세계 노동권 지수'는 세계 최대 노동조합 단체인 국제노총(CSI)에서 2014년부터 국가별로 노동권 보장 정도를 등급으로 나눈 통계예요. 1등급부터 5+등급까지 총 6개의 등급이 있는데, 1등급에 가까울수록 노동권이 잘 지켜지는 나라예요. 5+등급은 아예 법치주의가 붕괴된 나라로 노동권을 기대조차 할 수 없죠.

한국은 노동법이 있으며 노동자를 위한 제도도 잘 만들어져 있어요. 하지만 현실에서는 잘 지켜지지 않는다는 평가를 받고 있어요. 2023년 세계 노동권 지수 보고서에서도 한국은 5등급을 받았는데, 언론과 집회의 자유에 대한 권리가 없으며 노동자에 대한 폭력이 잦다는 이유가 제시되었어요.

한국 정부를
제소했다고?

2023년 6월, 스위스 제네바에서 국제노동기구 총회가 열렸어요. 이 날 한국의 양대 노총 대표들은 국제노동기구 사무총장과의 면담을 진행했어요. 당시 사무총장은 한국의 상황에 대해 이렇게 말했어요.

"지난해 국제노동기구 아시아·태평양 지역 총회에서 화물연대 파업 탄압에 대해 듣고 놀랐다. 그 일 이후 한국의 상황을 예의주시해 왔다."

국제노동기구 우려 '한국 노동 탄압 매우 심각한 상황' ▶

당시 국제노동기구 감독기구인 결사의자유위원회는 한국 정부를 상대로 화물연대의 파업권 제한과 건설노동조합 탄압 등 4건에 대해 제소한 상태였어요. 그러니까 한국 정부는 헌법에서 보장하는 '노동삼권'을 지키지 않았던 거예요.

노동삼권은 단결권, 단체교섭권, 단체행동권을 말해요. '단결권'은 노동자가 노동조합을 만들 수 있는 권리예요. 노동자 개개인은 힘이 없기에 사용자인 기업이나 사업주에게 노동조건 개선 등을 요구하기가 힘들어요. 하지만 노동조합이라면 사용자와 같은 위치에서 대등하게 협상할 수 있어요.

스위스 제네바에 있는 국제노동기구 본부

'단체교섭권'은 노동조합이 사용자와 의논할 수 있는 권리예요. 이를테면 노동조합은 임금 협상, 근로조건과 같은 구체적인 사항을 사용자와 협의할 수 있어요.

'단체행동권'은 노동자가 근로조건을 유지하거나 개선하기 위해 단체 행동을 할 수 있는 권리예요. 단체교섭으로 노동조합과 사용자가 둘 다 만족할 결론을 내면 좋겠지만, 그렇지 못할 때가 많아요. 이런 경우, 노동조합은 단체행동권을 행사할 수 있어요. 단체행동권의 대표적인 수단이 파업이에요. 다시 말해 파업은 법으로도 보장받는 노동자의 권리인 거예요.

국제노동기구는 회원국을 직접 제재할 권한이 없어요. 모든 규정은 회원국의 자발성에 의존하고 있죠. 그렇기에 한국을 비롯한 많은 나라가 노동자를 탄압하더라도 국제노동기구는 우려를 표하는 것에 그칠 뿐이에요. 이는 세계 노동자의 권리 보호에 한계로 작용하고 있어요.

잠깐 상식

파업은 불법일까?

우리나라 헌법은 노동삼권을 보장해요. 그런데 현실에서는 노동삼권이 잘 지켜지지 않아요. 특히 노동삼권에서도 보장하는 파업을 불법 파업으로 몰아붙이는 일이 많아요. 노동자가 사업자의 이익을 침해하고, 사회 질서에 혼란을 준다는 게 그 이유죠. 그렇다면 노동자는 어떤 방법으로 부당한 힘에 대항할 수 있을까요?

우리는 자주 스스로 노동자라는 사실을 잊어요. 그래서 "노동자가 잘사는 세상이 모두가 잘 사는 세상이다"라는 말을 흘려듣게 되죠. 노동운동은 우리 사회가 좀 더 나은 방향으로 나아갈 수 있는 발걸음이기도 해요. 우리가 노동운동에 대해 좀 더 진지하게 고민해야 하는 것도 이 때문이에요.

WFP

유엔 세계식량계획

식량 부족으로 19억 명 기아 위기

지은

완전 배불러.

> 그럼 그만 먹으면 되잖아.

지은

안 돼…. 오늘 뉴스 보다가 무서운 사실을 알았거든.
8억 명이 넘게 굶주리는데 세계 식량 3분의 1은 버려지고 있대.

> 리얼? 말도 안 돼.

지은

그래서 음식을 남기자니 양심에 찔려.

> 식당에선 먹을 만큼만 먹기가 어렵긴 하지.
> 우리가 할 수 있는 다른 일은 없나?

지은

이 기사 좀 봐. 유엔 세계식량계획은 기아 위기에 놓인
사람들을 위해 긴급구호를 한다네. (기사 링크)

> 여기 보니까 유엔 세계식량계획이 '세계 최대
> 규모의 인도적 지원 기구'라고 나와 있어.

iMessage

기아로 죽는 아이들은
살해당하는 것

시리아는 세계에서 2번째로 난민이 가장 많은 나라예요. 그런 시리아에서 절반이 넘는 인구가 기아 위기에 처해 있다고 해요. 꽤 무서운 경고지만 사람들은 이러한 뉴스에도 별다른 위기감을 느끼지 못해요. 우리가 사는 곳은 한국이고, 한국은 세계 경제 10위권 안에 들 정도로 잘사는 나라니까요. 물론 나라가 부자라고 그 나라의 모든 국민이 부자는 아니죠. 한편에서는 많은 사람이 경제적 어려움을 겪고 있으니까요.

2024년 시리아 인구 반 이상이 기아 위기 ▷

우리는 기아로 앙상하게 뼈가 드러난 아이들의 이야기가 오늘날 한국의 이야기가 될 리 없다고 믿고 있어요. 확실히 한국에서 이런 일이 흔하지는 않아요. 과연 앞으로도 그럴까요? 확신할 수 없어요. 기후재앙으로 세계 많은 나라가 식량 생산에 차질이 생기면 곡류를 주로 수출하는 나라들이 자국의 식량 확보를 위해 수출하는 것을 멈출 수도 있기 때문이에요. 이런 현실이 닥쳐오면 식량 자급률이 47%에 불과한 한국은 식량 부족에 시달릴 거예요.

유엔 통계국의 통계에 따르면, 지금도 전 세계에서 8억 명이 넘는 사람들이 충분히 먹지 못하고 있어요. 38개 나라의 4,400만여 명은 기아

굶주림에 처해 있는 아이

에 시달리고 있고요. 2023년 세계 기아 지수에 따르면, 지금도 7억 명이 넘는 사람들이 충분히 먹지 못하고 있어요. 인류는 그 어느 시대보다 발전된 과학기술을 지니고 있지만, 동시에 수많은 사람이 굶주리고 있는 거죠. 이러한 일은 식량이 부족해서 일어나는 것일까요?

유엔 식량농업기구(FAO)에 따르면 전 세계 농업 생산량은 약 120억 명의 인구를 먹여 살릴 만하다고 해요. 현재 인류가 생존하기에 충분한 양이에요. 그러니까 수많은 사람이 굶주리는 건 식량이 부족해서가 아니라는 뜻이에요. 세계가 지독하게 앓고 있는 고질병인 불평등 때문이죠. 오늘날 굶주림으로 죽는 일이 사고사가 아니라 살인과 같은 이유도 여기에 있어요.

굶주림 없는
세상을 위해 태어나다

1960년대는 세계적으로 많은 변화가 일어난 시대였어요. 프랑스에서 일어난 사회운동인 68혁명과 히피로 대표되는 저항의 시대였으며, 자유주의가 널리 퍼지며 개인의 자유에 더 많은 관심을 기울이던 때이기도 해요. 또한 녹색혁명으로 식량 생산력이 짧은 시간에 빠르게 올랐어요.

'녹색혁명'은 전통에 따른 농법과 달리 품종개량, 화학비료, 살충제, 제초제와 같은 과학기술을 농업에 적극적으로 활용해서 식량 생산량을 크게 늘린 것을 뜻해요. 녹색혁명을 앞장서서 이끈 나라는 미국이었어요. 당시 미국은 소련과 주도권을 다투고 있었고, 개발도상국들이 공산주의로 가는 것을 막으려 했어요. 그러려면 개발도상국의 경제가 성장해야 한다고 보았죠.

문제는 개발도상국 대부분이 인구는 증가하는데 식량은 부족하다는 거였어요. 이는 경제 성장의 발목을 붙잡는 일이었어요. 이를 해결하기 위해 미국은 세계적인 식량 증산 운동을 펼쳐요. 이를테면, 미국의 민간 기구가 개발도상국에 작물 연구소를 설치해 많은 양을 수확할 수 있는 밀을 개발하는 식이었죠. 이런 방식은 식량 생산량을 높이는 데 도움이 되었지만, 화학비료를 많이 쓴 탓에 환경문제나 농산물의 안전 문제가 생기기도 했어요.

녹색혁명으로 모든 인류의 굶주림을 해결할 수 있을까요? 그렇지는 않았어요. 식량은 늘었지만 공평하게 나누지는 못했거든요. 굶주림에 시달리는 사람이 이전보다 줄어들었지만, 빈곤에 시달리는 사람은 여전히 많았죠. 당시 유엔은 이러한 상황을 개선하고자 했어요.

유엔, 유엔 세계식량계획 설립하기로 결정 ▷

1961년이었어요. 유엔은 1960년대를 '유엔 개발 10년'으로 정하고, 유엔 세계식량계획(WFP, World Food Program)을 설립했어요. 개발도상국에 식량을 원조하며 이들 나라가 사회·경제적으로 발전하도록 돕기 위해 만들어졌어요. 이후 유엔 세계식량계획은 세계 최대 규모의 인도적 지원 기관으로 성장했어요. 2020년에만 84개 나라에서 1억 명이 넘는 사람을 도왔으며, 기아 퇴치를 위한 노력 등의 공로를 인정받아 2020년에는 노벨 평화상을 받기도 했어요.

하지만 유엔 세계식량계획이 가야 할 길은 아직도 멀기만 해요. 당장 도움이 필요한 사람들에게 도움을 주는 것으로는 식량 불평등을 없앨 수 없어요. 그렇기에 유엔 세계식량계획에서는 단순히 식량을 나누는 것 이상의 일들을 계획하고 있어요.

우리의 목표는
'제로 헝거'

하루를 살아가기 위해 우리는 보통 세끼를 챙겨 먹어요. 그런데 세상에는 하루에 한 끼도 먹지 못하는 사람이 많아요.

WFP, 2030년까지 제로 헝거를 목표로 하다 ▷

유엔 세계식량계획은 운영 방향을 4년마다 새롭게 바꾸어요. 2022년부터 2025년까지는 기아 종식과 지속 가능한 발전이라는 목표를 이루기 위해 애썼어요. 이러한 목표를 달성하기 위한 전략 중 하나가 제로 헝거(Zero Hunger)예요. '제로 헝거'는 기아 인구가 0명이라는 것을 뜻해요. 그런 의미에서 기아 종식과 영양 상태 개선, 식량 안보 달성, 지속 가능한 농업 증진 등을 목적으로 하고 있어요. 그리고 이를 위해 세부적인 목표를 세웠는데 다음과 같아요.

1. 식량에 대한 접근을 보호함으로써 누구나 식량을 구할 수 있게 한다.
2. 영양을 개선해 영양실조로 고통받는 사람이 없도록 한다.
3. 소규모 영농인의 생산성과 소득이 증가해 식량 안보와 영양 안보가 나아지게 한다.
4. 지속 가능한 식량 체계를 만든다.

안타깝게도 기아 현상은 오랜 시간 지속될 조짐이 보여요. 지금의 흐름을 끊어 내기 위해서는 무엇보다 기아의 원인을 파악해야 해요. 한편에서는 지속적이고 체계적인 지원을 해야 하죠. 이러한 일은 유엔 세계식량계획의 노력만으로는 해낼 수 없어요. 그렇기에 유엔 세계식량계획은 각 나라의 정부와 다른 유엔 기관, NGO, 민간 기업 등과 협력해 자원을 끌어오고 있어요.

기부는
구호 활동의 힘

유엔 세계식량계획은 36개 회원국으로 이루어진 집행이사회가 일을 맡아 하고 있어요. 한국은 2019~2021년에 이어 2022~2024년에도 집행이사국이 되었어요. 집행이사회는 유엔 세계식량계획의 활동에서 정부 간 지원, 정책 방향과 감독 등 여러 일에 참여하고 있어요.

프로그램 대부분은 집행이사회의 합의를 통해 이루어지는데, 합의가 이루어지지 않으면 투표로 결정해요. 이를 도맡아 조정하는 사람은 유엔 세계식량계획의 사무총장이에요.

유엔 세계식량계획은 식량 지원만 신경 쓰는 것이 아니에요. 여성과 아동의 영양 증진, 소작농의 생산성 향상과 손실 절감 등에도 힘쓰고 있어요. 또한 분쟁 지역에 구호품을 전달하고 있죠. 이 모든 일은 현장에서 활동하는 직원들의 손을 거쳐요. 현재 유엔 세계식량계획의 직원은 2만여 명으로 이들은 80개 이상의 나라에서 일하고 있어요.

이러한 활동에는 매년 수십억 달러가 필요해요. 문제는 유엔 세계식량계획 내부에서 나오는 자금이 없다는 거예요. 회원국에서 나오는 회비도 없고, 유엔 분담금도 받지 않아요. 그렇다면 유엔 세계식량계획은 어떻게 돈을 마련하는 것일까요? 그 답은 기부에 있어요. 정부, 기관, 기업뿐 아니라 수많은 개인의 기부가 유엔 세계식량계획의 활동자금이에요. 특히 기업은 현금뿐 아니라 제품이나 서비스를 통해 구호활동에 참여하고 있어요.

유엔 세계식량계획 '글로벌 기부 앱' 선보여 ▷

2015년, 유엔 세계식량계획은 한국과 미국 등 전 세계 16개 나라에서 글로벌 기부 어플인 '셰어더밀'(Share The Meal)을 선보였어요. 기부역시 이전의 방식에서 벗어나 웹이나 모바일 플랫폼을 통해 누구나 쉽고 간편하게 할 수 있게 된 거예요. 현재 유엔 세계식량계획의 자금은 주로 평균 60개국 이상의 정부가 지원하는 기부금에서 나오지만, 수많은 사람의 참여로 유엔 세계식량계획의 활동 영역은 훨씬 더 넓어질 수 있어요.

쓰레기 없는 삶, 제로 웨이스트 운동

칠레의 아타카마사막에는 쓰레기가 된 옷들을 잔뜩 쌓아 둔 곳이 있어요. 그 양이 얼마나 많은지 그야말로 크고 높은 쓰레기 산이 되었어요. 위성 사진에도 찍힐 정도죠. 그런데 이런 곳이 아타카마사막에만 있는 건 아니에요. 쓰레기 산은 주로 가난한 나라에 있어요. 선진국은 버려진 가전제품, 플라스틱 폐기물, 헌 옷 등을 필리핀, 과테말라, 가나 등 개발도상국에 수출하거나 기부 형식으로 떠넘기고 있어요.

쓰레기 문제는 환경문제를 넘어서 생존 문제이기도 해요. 쓰레기 산은 열과 메탄가스를 내뿜어 땅을 오염시키고, 기후위기에도 영향을 미쳐요. 그렇기에 우리는 쓰레기 문제에 관심을 기울이며 각자 할 수 있는 노력을 해야 해요. 이를테면 제로 웨이스트 운동에 참여하는 것도 방법이에요. '제로 웨이스트 운동'은 모든 물건을 다시 사용해 쓰레기 배출을 제로(0)에 가깝게 하는 운동을 말해요. 웬만한 건 재활용하고, 일회용이라도 여러 번 쓰는 등 쓰레기를 최대한 줄이는 삶을 살자는 거죠.

다른 포스트

뉴스레터 구독

국제기구 없으면 세계가 망할까?

초판 1쇄   2024년 8월 30일

지은이   김미조

펴낸이   김한청
기획편집   원경은 차언조 양선화 양희우 유자영
마케팅   정원식 이진범
디자인   이성아
운영   설채린

펴낸곳 도서출판 다른
출판등록 2004년 9월 2일 제2013-000194호
주소 서울시 마포구 동교로 27길 3-10 희경빌딩 4층
전화 02-3143-6478   **팩스** 02-3143-6479   **이메일** khc15968@hanmail.net
블로그 blog.naver.com/darun_pub   **인스타그램** @darunpublishers

ISBN 979-11-5633-628-0 43300

다른 생각이
다른 세상을 만듭니다